Marzell Oberneder

Und immer wieder Sonnenschein

Marzell Oberneder

Und immer wieder Sonnenschein

JUBILÄUMSAUSGABE

Andreas Dick Verlag

Die Erstausgabe erschien 1982 in der
Cl. Attenkofer'schen Buch- und Kunstdruckerei Straubing

1. bearbeitete Neuauflage 1991
Andreas Dick Verlag
Lilienthalstr. 8
8440 Straubing

Gesamtherstellung Druckerei Himmer, Augsburg
Gesamtgestaltung Rudolf Dick
Printed in Germany
ISBN 3-9801769-1-6

Inhaltsverzeichnis

Der Autor

Marzell Oberneder wurde am 3. Juni 1891 als Sohn eines Malermeisters in Kelheim geboren. Nach dem Volksschulabschluß besuchte er in Landshut die Präparandenschule und trat 1908 in das Straubinger Lehrerseminar ein, das er 1910 erfolgreich absolvierte. Nach vielen Zwischenstationen wie Wegscheid, Eggenfelden, Deggendorf und Haßfurt wurde Marzell Oberneder 1924 an die Straubinger Volksschule Sankt Jakob versetzt. Dort lernte er auch seine zukünftige Frau Therese kennen, die er 1926 heiratete. Aus der Ehe entstammen zwei Töchter.

1948 wurde Marzell Oberneder zum Stadtschulrat und Direktor der städtischen Berufsschule Straubings ernannt. Mit zu seinen größten Verdiensten zählte der Wiederaufbau des nach dem 2. Weltkrieg völlig zusammengebrochenen Schulwesens. Aufgrund seiner herausragenden Persönlichkeit und seines unerschöpflichen Wirkens wurde Marzell Oberneder 1961 zum Ehrenbürger der Stadt Straubing ernannt, und ihm wurde 1967 das Bundesverdienstkreuz 1. Klasse verliehen.

Schriftstellerisch tätig wurde Marzell Oberneder bereits 1931. In regelmäßigen Abständen folgten Artikel in den Zeitungen, u. a. der Aufsatz „Berlin“ 1942. Dieser brachte ihm, auf Veranlassung Goebbels hin, ein Schreibverbot ein.

Nach dem Krieg erschienen Bücher wie *„Sonniges Grenzland“*, *„Miniaturen“*, *„Wir waren in Kreuznach“*, *„Immer war das Herz dabei“*, *„Schönes Gestern“*, *„Das Meisterwerk“*, *„Chronik der Barmherzigen Brüder in Bayern“*, *„Führer durch die Stadt Straubing“*, *„Im Austragsstüberl“*, *„Der Guckkasten“*, *„Als der Großvater noch lebte“ (1–3)*, *„Auf der Walz“* u. v. m.

Marzell Oberneder verstarb am 6. 8. 1985 in Straubing im Alter von 94 Jahren.

Vorwort zur Jubiläumsausgabe

„Und immer wieder Sonnenschein“ – unter diesem Titel brachte Marzell Oberneder Episoden aus seinem über 90 Jahre zählenden Leben heraus. Dieser Titel entsprach auch seiner Grundhaltung im täglichen Leben, trotz aller Schwierigkeiten, die jedem von uns wohl neben all dem Schönen ebenso widerfahren.

Marzell Oberneder war maßgeblich am Wiederaufbau des Straubinger Schulwesens nach dem 2. Weltkrieg beteiligt. Er hat stets Kopf, Herz und Hand in den Bildungsprozeß einbezogen, bereits als junger Lehrer und schließlich als geachteter Stadtschulrat. Als Lehrerpersönlichkeit hat er durch Vorbild und Beispiel überzeugt.

„Immer war das Herz dabei“ ist bezeichnenderweise ein weiterer Titel seiner literarischen Werke. Dieses menschlich warme Empfinden und seine noble Art leben auch nach dem Tod von Marzell Oberneder weiter, der am 3. Juni 1991 hundert Jahre alt geworden wäre.

Dankenswerterweise hat der Andreas Dick Verlag zu diesem Ereignis das Werk „Und immer wieder Sonnenschein“ neu aufgelegt, dem in kürzeren Abständen weitere folgen werden. Diesem Vorhaben wünsche ich einen vollen Erfolg in Erinnerung an den Autor und zur Freude seiner vielen Freunde und Verehrer.

Alfred Dick
Staatsminister a. D.

Ein Wort voraus

Unser Leben ist ein merkwürdig Ding, manchmal ein vergnüglicher Spaziergang, manchmal ein Martyrium, und selbst der größte Philosoph vermag dieses Rätsel nicht zu lösen.

Auch wenn es das Schicksal gut mit uns meint, aber ein paar Tränelein, ein paar Dissonanzen gehören dazu. Der Kluge weiß das zu schätzen. Gäbe es keine Gewitterwolken, hinter denen schon wieder der Regenbogen wartet, dann stürben wir vor Langeweile. Erst der ewige Wechsel zwischen Licht und Schatten macht uns glücklich.

In diesem Büchlein stehen Episoden aus meinem über neunzig Lenze zählenden Leben, die mir heilig und unvergeßlich sind. Dabei dachte ich nicht im mindesten an eine Biographie oder an Memoiren.

Möge auch für Sie manches darin enthalten sein, was Ihnen Freude bereitet!

Weihnacht 1982 *Marzell Oberneder*

Nestwärme im Elternhaus

Es kommt gar nicht darauf an, ob einer im Königsschloß oder in einer ärmlichen Hütte geboren wurde. Was hat ein Reicher schon von seinen Millionen, wenn er wegen eines Magenkrebses nichts essen oder wegen einer Querschnittslähmung das Bett nicht mehr verlassen kann? Wer das Leben genießen will, muß gesund und heiter sein, ein Quentchen Gold im Herzen tragen. Dann ist er gefeit gegen die Unbill des Zeitenlaufs.

Als ich noch ein ganz kleiner Bub war, sagte mein Vater einmal zu mir: „Merk es dir, Bub, der Reichtum macht nicht glücklich. Am schlimmsten ist einer daran, wenn er alles hat und sich nichts mehr wünschen kann!" Und er hatte nicht Unrecht. Wer satt ist, sieht die Sterne nicht mehr. Ein kleines, stetes Hungergefühl ist die beste Mitgift des Elternhauses, ein fortwährender Ansporn, weil es den Geist und die Sinne wach hält und Hoffnungen für die Zukunft nährt. Und so bin ich meinem Schicksal noch heute dankbar, daß meine Wiege in jenem schlichten Häuschen mit gutgepflegtem Garten stand, das mein Vater im Jahre 1890 um den damals üblichen Preis von 2000 Mark baute. Ein Sonderglück aber war es, daß dieses Haus in dem idyllischen Städtchen Kelheim mit seiner reichen Geschichte, seinen tiefen Wäldern, großartigen Felsschluchten, geheimnisvollen Wassern lag und zwar hinterm Schleiferturm, der, sagenumwoben, etwas unheimlich, schon als Kind meine Phantasie anregte und die gleiche Rolle spielte wie sein Bruder auf der Straubinger Hagenwiese.

Unser Haus, in welchem ich 1891 geboren wurde, besaß im Erdgeschoß drei Wohnräume und das Gwölberl, in welchem man die Speisen kühl aufbewahren konnte. Dazu kamen im Obergeschoß noch das sogenannte „Schöne Zimmer" mit einer eingelegten Kommode und zwei Schlafzimmer mit je einem Mansardenraum. Für Badezwecke gab es einen großen Holzbottich. Im Winter aber strömten Kachelöfen eine wohlige Wärme aus. Als Lichtquell dienten bewährte Petroleumlampen. Denn Gas gab es damals noch nicht. Und wer nachts auf den Abtritt gehen mußte oder ins Gwölberl, benutzte halt Kerzen, die er mit dem Schwefelhölzl anzündete. Im Rückgebäude befand sich die Werkstätte meines Vaters, daneben die Holzschupfe und über beiden das sogenannte Bödl, wo unser Familienoberhaupt sein Handwerkszeug aufbewahrte, scheinbar in heiliger Unordnung, aber doch jederzeit griffbereit, Schablonen, Leinöl- und Kreidefässer, defekte Heiligenfiguren, Zeichnungen, Entwürfe, Bilderrahmen, Staffeleien, Bürsten, kleine Leitern, und es roch da droben immer ein wenig nach Firnis oder Terpentin, zuweilen auch nach Vogeldreck, wenn die Amseln und die Finken, die gern im Gebälk nisteten, den Kot ihrer Brut entfernten.

Mein Vater? Ja, das war ein ziemlich bekannter, sehr geschätzter Malermeister, der bei dem Kelheimer Kunstmaler Detter, einem Akademiker, in die Lehre ging, dann als Geselle nach München zog und nachdem er auch noch das Vergolden ausgezeichnet beherrschte, als Meister in der Hofkunstanstalt Pfrenzinger in München tätig war. Sehr gerne restaurierte er alte Heiligenfiguren, daß sie wieder in ihrer einstigen Farbenpracht und in leuchtendem Goldglanz dastanden. 1887 nach Kelheim zurückgekehrt, machte er sich sofort selbständig und heiratete meine Mutter, überzeugt davon, daß er mit seinen Leistungen, seinem unermüdlichen Fleiß schon eine Familie würde ernähren können. Seine Tätigkeit reichte vom Zimmerausweißen über die Schriftmalerei bis zur meisterhaften Wiederherstellung der Kirchen. Als ihm erstmals eine solche übertragen wurde, war das im heutigen Bad Abbach. Oft erzählte er mir, wie früh er an jedem Tag aufstehen mußte, um mit der Eisenbahn an Ort und Stelle zu kommen, und wie der freundliche Pfarrherr jeden Vormittag kam, um sich vom Fortschritt der Arbeiten zu überzeugen, gutmütig lächelnd, immer eine gute Brotzeit und ein Glas Wein für meinen Vater in der Hand, weil dieser sich einfach keine Zeit zum Mittagessen nahm. Am Schluß spendete der Nachfolger Melchisedechs ein ganz hohes Lob und zahlte prompt jene zweitausend Mark Honorar, die ja zum Bau meines Geburtshauses in Kelheim bitter notwendig waren.

Ja, und in diesem Haus mit seinem prima gepflegten Garten, seinem sechs strohgeflochtene Körbe umfassenden Bienenstand,

Mein Geburtshaus in Kelheim

dem Pfirsichspalierbaum vorm Schlafzimmerfenster, dem geliebten, mit seiner Krone das Gartenhäusl überschattenden Birnbaum war ich restlos glücklich. Und gerade dieser Birnbaum hatte meine ganze Sympathie. In seiner Krone, auf einer Astgabel sitzend, las ich später als Studentlein zu gerne Schillers Lied von der Glocke oder Jules Vernes abenteuerliche Geschichten. Ja, dieses bescheidene Daheim, von meiner lieben Mutter in bester Ordnung gehaltene Haus mit seiner Nestwärme war und blieb mir zeitlebens ein unvergeßliches Paradies.

Ging man aber auf die Straße hinaus, dann konnte man auf dem Michelsberg, wie eine Gralsburg sich aufreckend, die Befreiungshalle sehen, die meinen Geist in noch ganz andere Dimensionen lenkte. Machte man aber das kleine Gartentürl im Süden auf, dann bedurfte es nur weniger Schritte und man befand sich am Ufer der Donau und an der Einmündung des „Ludwig-Donau-Main-Kanals", der uns heute mit seinen Streitigkeiten um die Notwendigkeit seines Ausbaus so viel Kopfzerbrechen bringt, damals aber mit seinem Holzplettenverkehr für uns Buben hochinteressant war. Und ganz früh am Mogen, im Bettchen noch, wenn ich mir schlaftrunken die Augen wischte, namentlich aber, wenn der Föhn im Lande umging, da hörte ich gelegentlich wundersame Glockentöne, die vom Kloster Weltenburg durch die Schlucht der Langen Wand bis zu mir herunterkamen, silbern klangen und mir jedesmal das Herz betörten.

Im Kinderhimmel

Unser Haus und der nette Garten, in dem es stand, sie waren für mich von Anfang an ein kleiner Himmel. Wenn mich meine brave, fleißige Mutter bei der Hand nahm, durch die Haustüre führte und mir draußen, im März, die ersten Schneeglöckchen zeigte, die aus der Erde schlüpften, lachte immer mein Herz. Gleich daneben versuchten auch schon ein paar rote Aurikeln das Köpfchen zu heben, ein Beweis dafür, daß der Winter nichts mehr zu sagen hatte. Und in der Rabatte entlang der Hauswand gab es beinahe einen Wettstreit, wer zuerst sein farbig Kleidchen anlegen dürfe, bis dann die stolzen Tulpen mit ihren leuchtenden Kelchen allen anderen den Rang abliefen.

Im rückwärts liegenden Teil des Gartens war das nicht anders. Da setzte auf einmal der Astrahanapfelbaum sein zartgrünes Laubwerk und die schneeweiß schimmernden Blütenbüschel an, und der Birnbaum am Sommerhäusl machte es ihm nach, all das unter einem klarblauen Morgenhimmel. Ach, da zog ich gierig die frische Luft in meine jungen Nüstern, und ich war allemal so froh, als hätte ich einen Blick ins Paradies werfen dürfen. Unsere Haustüre war gewöhnlich unverschlossen, weil man ja damals noch keine Diebe und Einbrecher zu fürchten brauchte. Just diesen freien Zugang aber machten sich die Schwaiberl mit ihren weißen Brüsten und eleganten Fittichen zunutze. Sie nisteten im Flöz herin, am Türstock droben und flitzten wie der Wind ins Freie, wenn ich aus Spaß mit einer Gerte zu ihnen hinauffuchtelte, um ihnen Angst zu machen, bis mich die Mutter bat, das zu unterlassen, um ja nicht die im Nest piependen Jungen zu schrecken. Manchmal freilich zeterten die Alttiere auch auf mich herunter und versuchten beinahe mich anzugreifen. Hie und da strich ein fetter Kater bei uns herum, der dem Nachbarn Rabl gehörte, uns schmeichelte und sich an meinen nackten Waden rieb. Er tat ganz so, als hätte er bei uns etwas zu sagen, weil er hie und da einen Ratzen fing, hinten in der Reichen zwischen der Werkstatt und dem Haus vom Kramer Seibert, wo es immer schon etwas unheimlich war.

Um nochmal auf meine liebe, herzensgute Mutter zurückzukommen, die Juliana hieß und schlechthin die Seele unserer Familie war, der Finanzminister und anspruchsloseste Arbeitnehmer zugleich: Sie hatte immer beide Hände voll zu tun, litt später als Greisin an einer lästigen Schüttellähmung und mußte nicht nur für mich, sondern auch für drei Stiefkinder sorgen, die Vater nach dem Tod seiner ersten Frau aus München mitbrachte, ferner für einen Malergesellen und einen Lehrling. Oft erzählte sie mir, wie ich einst im Garten spielte, während der Vater die Beete umgrub, Petersilie einpflanzte und Rettichsamen mit dem Lochstopfer in die Erde grub. Dabei legte er einmal versehentlich den Rechen so über den Weg, auf dem ich zu ihm eilen wollte, daß ich ihn mit meinen kurzen Füßen unmöglich übersteigen konnte. Ich war damals noch ein kleiner „Zwozl", keine zwei Jahre alt und versuchte, nachdem mir das Übersteigen nicht gelang, jetzt unter dem Rechen durchzuschlüpfen, wiederum vergeblich. Als der Vater mein Dilemma sah, kam er lachend heran, hob mich auf den Arm und reichte mir ein paar reife Kirschen, die er vom Ast pflückte, weil ich so tapfer war. Aber als dann ein paar Tage später, wie jedes Jahr üblich, bei uns eine Sau geschlachtet wurde und diese entsetzlich schrie, da graute es mir, so daß ich ins Gwölberl flüchtete, um nichts mehr zu sehen und zu hören. Noch lange hatte ich einen solchen Abscheu vor der Lieblosigkeit, mit der das Tier meiner Ansicht nach getötet wurde, daß ich sogar die Blut- und Leberwürste verschmähte, die mir die Mutter zustecken wollte. Ja, meine Mutter! Sie war ein Engel und wußte trotz ihrer einfachen Volksschulbildung über alles besser Bescheid, als die gesamte Familie, eine geduldige Märtyrerin. Wenn sie dann wirklich einmal allein war und rasten konnte, weil das ganze Familiennest ausgeflogen war, nach Weltenburg, wo der Vater zu gerne im klösterlichen Bierstüberl weilte, oder nach Essing im Altmühltal, dann saß sie meistens auf der Holzbank vorm Wohnzimmerfenster, hinterm „Godern", wie wir die Eingangspforte nannten, und strickte Socken, flickte Strümpfe und erzählte mir, dem kleinen Hosenmatz, Märchen mit solch schönen Worten, die ich ihr wie Goldstücke von den Lippen nahm, so sehr erweckten sie meine Neugier.

Meine Eltern

Und wenn neben uns, am Zaun, das Geißblatt blühte, das einen solch seltsamsüßen Duft ausatmete, dann spürte ich das Verwobensein in die wundervolle Harmonie der Schöpfung, einen Wink von außerirdischen Kräften, die mein Herz ein Leben lang betörten.

Am Wöhrd

Der Wöhrd in Kelheim, also der breite Donau-Uferstreifen zwischen dem ehemaligen Wittelsbacherschloß und dem Kanalende, das war mein Jugendspielplatz schlechthin. Er grenzte an unseren Garten, und wenn ich nur das Türl aufmachte, befand ich mich schon mitten zwischen Millionen Gänseblümchen und anderen Kindern Floras. Den heutigen, mitten durch das Gelände laufenden Schutzdamm gab es noch nicht. Aber es standen schon die duftenden Linden draußen und ein paar Ebereschen mit ihren roten Korallenketten, so jung noch, daß sie unser Malergehilfe ohne weiteres schütteln konnte. Etwas weiter unten, wo sich heute das Postamt befindet, breitete sich der Steckerlbau aus, ein Weiher mit vielen Binsen, der uns Buben immer wieder zum verbotenen Angeln verleitete. Und dann war auch noch die Sandgruberhütten da, schon ziemlich verwahrlost, um die herum man so schön Fangermandl spielen konnte. Wurde es uns zu heiß, dann wateten wir in den nahen Bach, der zum Wehrsystem der uralten Herzogsstadt gehörte. Aber wenn eine der großen Pletten in den Donau-Ludwig-Main-Kanal einbog, schwer mit Holz beladen, dann liefen wir Buben eilends hin, um den Pferden zuzuschauen, wie sie ihre Fracht zogen. Manchmal ließ uns der Leiter des Transports, der Halbritter, kurze Zeit auf ihnen reiten. Kam aber der Maien, dann fingen wir mit dem Daubel Kohlweißlinge oder Zitronenfalter, stocherten mit langen Hopfenstangen in die Fledermausschwärme, kraxelten in die Baumkronen und schüttelten Unmengen von Maikäfern herunter. O, es war schon eine köstliche Sache, sich dem Liebreiz des Wöhrd hinzugeben, bis dann der Vater zum Essen pfiff oder ein Malergeselle uns am Abend wieder ins Haus führte, damit wir nach unserem Malzkaffee rechtzeitig ins Bett kamen.

Zwei Ereignisse waren es, die mich besonders an den mir wohlvertrauten Wöhrd erinnern. Das eine war ein Großbrand der Simonius'schen Zellulosefabrik im Jahre 1892, am Südufer der Donau, gegenüber unserem Haus. Ich war damals gerade ein Jahr alt. Da weckte mich mein Vater um Mitternacht, hob mich aus dem

Bettchen und trug mich auf seinen Armen hinaus auf den Wöhrd, um mir diese Katastrophe zu zeigen. Weil ich an sich ziemlich neugierig war, fand dieser Riesenbrand mein stärkstes Interesse. Manche werden Zweifel haben, ob man sich an ein solches Frühstadium der Kindheit überhaupt erinnern kann. Ich aber kann schwören, daß meine Sinne das Ereignis fast überdeutlich aufnahmen. Ja, es war eine schauerlichschöne, an das Jüngste Gericht gemahnende Tragödie, ein Flammenmeer sondergleichen, das sich meinem Gemüt einprägte, ein kleiner Weltuntergang, der mir Schrecken einjagte und noch lange Zeit meine Träume beherrschte. Tags darauf machte meine Mutter dem Vater Vorwürfe, weil er mir eine solche Panik ins Herz jagte, auf die ich immer wieder zu sprechen kam.

Ich erinnere mich aber trotz meines hohen Alters auch noch an ein zweites Erlebnis auf dem Wöhrd. Da fand im Jahre 1896 vor dem Kelheimer Rathaus ein Jahrmarkt statt, zu dem wir Kinder jeweils ein Zehnerl erhielten, damit wir uns Limonade, türkischen Honig oder eine Roßwurst kaufen konnten. Zur gleichen Zeit aber hatte am Wöhrd draußen der Lindnerische Kinematograph sein Großzelt aufgeschlagen, in welchem er die neueste technische Erfindung, das Laufbild vorführte. Aberhunderte kamen, um es zu sehen und waren hochbegeistert. Das Aufregendste für uns Kinder aber war die herrliche Orgel mit ihren Silberpfeifen, gebaut zu Waldkirch im Schwarzwald. Die beweglichen Figuren an ihrer Vorderseite hatten etwas Gespenstisches und doch ungeheuer Anziehendes an sich, die Trommler, namentlich aber der wunderfeine Puppenkapellmeister mit Taktstock, Spitzenjabot, prachtvoller Perücke und dem Dreispitz Friedrichs des Großen. Weil es auch meine Mutter interessierte, führte sie mich persönlich hin zur Orgel, um mir deren Pracht zu zeigen. Als sie aber merkte, daß ich nur den Klängen lauschte, die mich mit ergreifender, zur Andacht zwingendem Spiel völlig hypnotisierten, streichelte sie mein Haar und sagte: „Was du eben gehört hast, das war der Pilgerchor aus der Oper Thannhäuser von Richard Wagner. Seine Musik ist so schön, daß man alles darum geben möchte."

Mit diesen Worten legte sie mir einen Wertmaßstab ins Herz, der mich zeitlebens Richard Wagner hörig machte und mich noch heute verleitet, beim Präludieren auf der Orgel Motive des großen Meisters einzuflechten, selbst wenn dadurch der Kirchenraum etwas profaniert wird.

Hochwasser

Mit der Schneeschmelze kam regelmäßig durch die Weltenburger Schlucht das Hochwasser zu uns, eine riesige, graubraune Schwemme, die den ehemaligen Seeboden zwischen der alten Herzogsstadt Kelheim und dem Dorf Winzer überflutete und alles zu ertränken drohte. Zuerst spürte es immer der Bader Zimmermann in der Stadtmitte, gleich neben dem Stadtapotheker Schefbeck. Weil dort das Pflaster etwas niedriger liegt und die damalige Kanalisation ohnehin nicht viel taugte, quoll das gefürchtete Naß am frühesten aus einem winzigen Gully heraus und eroberte rasch die Häuserfamilie. Der Magistrat wehrte sich dagegen, indem er Notstege anlegen ließ, die den Straßenzeilen entlang liefen, vom Donau- bis zum Altmühl- und Mittertor, vorbei auch am Rathaus, am Rentamt, an der Mariensäule und dem Denkmal für einen verdienstvollen Wittelsbacher, der leider auch nasse Füße bekam. Gerade diese Notstege bildeten die Hauptattraktion, den größten Spaß für die einheimische Jugend, während sie die Erwachsenen nur kopfschüttelnd und ungern in Kauf nahmen. Der Einsatz von Fischerzillen linderte die Not nur ganz wenig.

Ganz groß war das Ereignis natürlich auch für mich, der ich als kleiner Bub die Wellen kaum mehr erwarten konnte und ungeduldig immer wieder auf den Wöhrd hinausging, bis die Donau endlich über die Ufer stieg, die Wiese verschlang und sich an unseren Gartenzaun heranschlich. Mit kleinen, in den Boden gedrückten Steckerln maß ich den täglichen Fortschritt, und je schneller die Wellen an den Bienenstand, die Malerwerkstatt, den Pumpbrunnen herankamen, desto lieber war es mir. Aber wenn sie dann die Stufen unseres Hauses erreichten und ins Flöz drangen, da hatte ich die allergrößte Freude, ganz im Gegensatz zu meiner Mutter. Diese rang die Hände, fassungslos, als fürchtete sie, wie die Bernauerin zu Straubing, in den Fluten ertränkt zu werden. In Wirklichkeit aber bangte sie um unser Gwölberl, darin die Speisen kühl aufbewahrt wurden, um das Wohn- und Schlafzimmer, die zusammen im Erdgeschoß lagen und die sie, weil unentbehrlich, keineswegs räumen wollte. Ich aber jubelte auf, holte mit meinem jüngeren Bruder den Backtrog herbei, suchte ein paar alte Kochlöffel und schmale Brettchen, die als Ruder dienen mußten und gondelte nach Lust und Laune im Garten herum, wie ein König, der sich so etwas schon leisten kann. O, es war herrlich, jetzt am Astrahanapfelbaum, am Bienenhaus und am eisernen „Godern“ vorbeifahren zu können. Und der Schleiferturm schaute uns dabei vergnügt, freilich auch ein wenig schadenfroh zu. Gingen dann später die Wassermassen wieder zurück, dann hinterließen sie eine Schlammschicht, über die sich besonders mein Vater ärgerte, weil die Konturen seiner geliebten Gartenbeete nicht mehr stimmten, und weil jetzt Unordnung herrschte, die er gar nicht leiden konnte.

Besonders aufregend war es, wenn in strengen Wintern oft große Eisschollen donauabwärts schwammen, die „Schwaben“, wie wir sie nannten. Gelegentlich verstopften sie die Weltenburger Schlucht, sich zu einem unheimlichen Eisstoß sammelnd, aufstauend zu einem bizarren, blaugrün schimmernden Gebirge. Zweimal in meiner Jugend erlebte ich eine solche Tragödie, welche sogar die etwas höher gelegenen Klostergebäude bedrohte. Und einmal durfte ich sie, mit Vater und Mutter zusammen, durchschreiten, wobei ich immer Angstgefühle und ein starkes Herzklopfen erlebte, obwohl die Passage angesichts der oft meterdicken, fest zusammengefrorenen Schollen ungefährlich war, das Gewicht eines neugierigen Völkleins ohne weiteres trug. Ganz Kelheim wollte dabei sein, die schauerlichschöne, zwischen senkrechte Felswände gepreßte Eiswüste zu sehen. Ich aber wäre gern wieder an Land gewesen und schickte ein Stoßgebetlein zu dem einsamen Bischof, der seit Menschengedenken mitten in der höchsten Wand wohnt und der Patron der Kahnführer ist. Die Bilder dieser an eine nordische Sagenwelt erinnernden Landschaft konnte ich mein Leben lang nicht vergessen und noch nach einem Halbjahrhundert versuchte ich immer wieder, ihnen nochmals zu begegnen. Nur im Gletschergebiet um den Mont Blanc fand ich sie wieder.

Weil nicht nur mich, sondern auch das Elternpaar allmählich fror, sagte der Vater: „Jetzt komm aber, Bub, der Klosterwirt wartet schon auf uns. Dann kriegst du eine Bretzen und darfst auch vom Bier trinken!“ Ja, der Klosterwirt, er hieß Schottmeier und war ein guter Freund meines Vaters, hatte auch schon einen Platz im gemütlichen Bierstüberl reserviert und kaum, daß er uns sah, brachte sein hübsches Töchterlein schon eine Maß Bier für uns drei, neubachene Bretzen und einen schwarzen Pressack, der herrlich schmeckte und fast nichts kostete. Großartig, wiederum hatten wir mitten im Winter ein warmes Rastplätzchen gefunden, das erlaubte, sich von den Strapazen zu erholen. Fast immer zählte zu unserer Runde auch der brave Oberlehrer Hengl von Weltenburg, der mir später den Anfangsunterricht im Klavierspiel erteilte, manchmal auch der hochwürdige Herr Abt, mit dem mein Vater zuweilen geschäftlich zu tun hatte und der mich des öfteren fragte, welchen Beruf ich dereinst wohl wählen würde. Doch das wußte ich damals selbst noch nicht.

Auf dem Heimweg benutzten wir die gleiche Route, denn Kähne fuhren jetzt nicht mehr. Doch nachts, wenn ich im warmen Bettchen lag, da träumte ich schwer vom bösen Wassermann, von der versteinerten Nixe im Fels, von Raubrittern, Unholden und Hexen, von Märchenfiguren also, die mir längst vertraut waren, jetzt aber so leibhaftig vor mir standen, daß ich aufschrie und mich schweißtriefend herumwälzte, bis mich die gute Mutter bei der Hand nahm und behutsam aufweckte.

Am Michelsberg droben

Man muß diesen Berg im Luftbild beobachtet haben, um zu sehen, wie schön er, herausmodelliert zwischen Donau- und Altmühltal, die Landschaft belebt und wie neugierig er seine Nase in das Kelheimer Becken steckt, gekrönt von der Befreiungshalle. König Ludwig I., der so sehr für Kunst und eine Zeitlang auch für die spanische Tänzerin Lola Montez schwärmte, hätte für den deutschen Freiheitstempel wirlich keinen passenderen Platz finden können. Für uns Buben bedeutete der Michelsberg immer ein Dorado schlechthin, die Erfüllung all unserer Wünsche. Ein gepflegter Fußweg, beiderseits von einer aus Kieselsteinen und Zement gebackenen Regenwasserrinne gesäumt, führt von der Klosterbrauerei empor bis zur gerodeten Gipfelplatte, anfangs ein bißchen steil, vorbei am steinernen Löwen, der jenem vom Schlachtfeld Verdun bis ins kleinste gleicht, und dann sind es nur noch ein paar Schritte bis zum Bänkchen unter einer mächtigen Buchenkrone, das den Blick auf den gewaltigen Rundbau, dieses architektonische Prachtstück freigibt. Ein Spötter qualifizierte die Befreiungshalle freilich einmal als Symbol des bayerischen Maßkrugs.

Man muß an einem heiteren Tag zu diesem anmutigen Stückchen Erde kommen, dessen trockener Karstboden überraschender Weise einen solch herrlichen Wiesenplan nährt, tausende Margariten, Glockenblumen, Kartäusernelken, Salbeiruten, alles gestellt in ein leuchtendes Himmelblau, umsungen vom nimmermüden Vibrato der Grillen, das die Genußsucht der Wohlstandsgesellschaft leider nimmer hört, uns Kinder aber damals so ergötzte, als hätte uns Pan mit seiner Flöte Freude machen wollen.

Am Waldrand, nahe der Keltenschanze, steht das Haus des Schloßverwalters, dessen Sohn, der Stockinger Hans, einer meiner liebsten Freunde war. Ich sehe noch seinen Vater vor mir, einen pensionierten Hartschier mit kräftigem Vollbart, der dem Hans und mir gern die Erlaubnis zum ehrfürchtigen Streicheln der Marmorengel gab. Ja, auch auf die Galerie durften wir gehen. Aber als wir über das dicke Glasdach hoch oben, das Licht spendete, kraxelten, da fragten wir ihn nicht.

Gewöhnlich aber trieben wir uns am Steilhang über der Donau herum, sammelten zierliche Schneckenhäusl, fanden hie und da auch einen seltenen Ammoniten und beobachteten den Ameisenlöwen, wie er seine trichterförmigen Fallen in den Sand grub, unten mit gierigen Kiefern auf die Beute wartend. Dann wieder kletterten wir am sogenannten Nürnberger Tor herum, seiltanzten über seinen steinernen Bogen. Oft stiegen wir auch zur Schüttgrube ab, einem aufgelassenen Steinbruch, wo wir mit langen Gerten giftige Kreuzottern aus ihren Nestern kitzelten, uns der damit verbundenen Gefahr wohl bewußt. Aber man hatte uns erzählt, daß der Herr Stadtapotheker für jedes getötete Exemplar eine Mark zahle, und diese wollten wir uns verdienen, leider ohne Erfolg.

Am schönsten war es aber, wenn wir an der Keltenschanze oder am Steilhang neben dem Schloßverwalterhaus im Geäst der dortigen Eiben saßen und die Zeit totschlugen, obwohl wir wußten, daß das nicht ungefährlich war. Denn aus den Nadeln der Eibe stellten die Germanen bekanntlich das tödliche Pfeilgift her, und wenn wir nur ein paar davon im Munde gelutscht hätten, könnte die schönste Himmelfahrt daraus entstanden sein. Trotzdem verzehrten wir besonders gern die erbsengroßen, purpurroten Früchte der Eibe und keiner bekam das kleinste Magenweh davon. Man mußte nur die Kerne ausspucken.

Ja, der Michelsberg war der Tummelplatz meiner Jugend schlechthin und bei meinem Vater war das seinerzeit ebenso. Oft erzählte er mir, daß er als kleiner, in die Natur verliebter Knirps im Jahre 1859 den Bau der Befreiungshalle erlebte, die dann 1863 eingeweiht wurde. Genau wie ich, trieb er sich stundenlang auf dem Michelsberg herum, naschte die purpurroten „Eibischbierl“, kletterte auf den drei Stufen des gewaltigen Unterbaues herum, den die Kelheimer Bürger, solange die Halle selber noch nicht stand, einfach das „Storchennest“ nannten. Von Zeit zu Zeit kam König Ludwig I. inkognito den Mischwald heraufgeschlichen, um den Fortgang der Arbeiten an seinem Lieblingsobjekt zu kontrollieren. Nun, die jungen Buben, darunter auch mein Vater, entdeckten ihn dabei immer wieder und schrien beigeistert Hurrah.

Bei einer solchen Gelegenheit nahm der große Wittelsbacher meinen Vater bei der Hand und ließ sie nicht mehr aus, bis sie droben am Storchennest waren. Der Großvater, die Großmutter, ja, die ganze Familie war stolz auf eine solche Ehre, und ich bin es eigentlich heute noch ein wenig.

Bei der Einweihung der Beifreiungshalle im Jahre 1863 gab es freilich noch eine tragigkomische Episode. Der König fuhr anläßlich der Festlichkeiten mit seiner Hofkutsche gerade durch das Mittertor, um auf den Michelsberg zu kommen. Links und rechts der Straße standen dichtgedrängt neugierige Bürger und ein Haufen Kinder, darunter mein Vater. Aber weil er gerade eine schlechte Sicht hatte, eilte er verbotener Weise auf die gegenüberliegende Straßenseite, wo er glaubte, das Ganze besser beobachten zu können. Dabei erwischte ihn der alte Polizeidiener Obermeier, legte ihn übers Knie und versohlte ihm den Hintern. Als es der König gewahr nahm, lächelte er und gebot dem Ordnungshüter Einhalt. Aber den Missetäter selbst, meinen Vater, schaute er nachsinnend an, als erinnere er sich, wie er ihn einst bei der Hand nahm, als er mit ihm zur noch unfertigen Befreiungshalle ging.

Auf der Schwammerlsuche

Wenn im Mai oder im Juni feuchte Luft über die Landschaft strich oder lauer Regen niederging, dann schossen in den tiefen Wäldern, die zum Kelheimer Paßbild gehören, jedesmal die Schwammerl aus dem Boden, haufenweis und kerngesund. Wer sie aber sammeln wollte, mußte schon die Suchplätze kennen. Diese lagen meist stundenweit von der Stadt entfernt. Am liebsten ging ich, um schöne Steinpilze zu finden, mit meinem Bruder Maxl in den Frauenforst, der unendlich groß war und schier kein Ende mehr fand. Wenn wir dann zum einsamen Frauenhäusl kamen, in welchem ein Forstaufseher eine kleine Wirtschaft unterhielt, dann holten wir aus der Hosentasche unser kleines Schnappmesser, um die vielen Steinpilze knapp über der Wurzel abzuschneiden, bedacht darauf, daß das Myzell im Boden nicht Schaden litt. So hatte es uns der Vater gelehrt. Am schärfsten waren wir auf die Steinpilze, also auf die Haute volee der ganzen Pilzrasse. Wenn sie mit ihren sattbraunen Kappen zwischen Moospolstern oder Schwarzbeerstauden uns anlachten, war das ein Heidenspaß. O, unter ihnen gab es Musterexemplare, die oft ein Pfund wogen, noch einen ganz jungen Bart besaßen und von den Schnecken nicht angeknabbert waren, Prachtkerle, wie sie im Bilderbuch stehen. Die Rotkappen aber, die sich beim Anschnitt gleich blau färben, nahmen wir nur im Notfall mit. Überhaupt kein Interesse zeigten wir für das kleine Lumpenpack, wie die Reherl, den Ziegenbart oder gar die Kuhscheißerl, wie man damals zu den Maronen sagte. Denn unsere Rucksäcke kriegten wir ja mit Steinpilzen voll. War dann alles geschafft, und spürten wir eine kleine Müdigkeit in den Knochen, dann setzten wir uns auf die Bank vorm Frauenhäusl und baten den Forstwart um ein Glas Wasser, oder, wenn wir noch ein paar Pfennige in der Tasche hatten, zuweilen um ein Kracherl.

Nicht anders war es, wenn wir in die Wälder gingen, die sich südlich der Stadt Kelheim bis hin nach Taldorf an der Ingolstädter Bahnlinie erstreckten. Da ging es gleich hinter dem Bahnhofsgebäude den Scheidbuckel hinauf, durch eine Rodung, wo so unendlich viel süße Erdbeeren wuchsen, die uns ausgezeichnet schmeck-

Mein Vater bei der Arbeit

ten, auch wenn der Schwefelturm der Simonius'schen Pappendekkelfabrik sein Schwefeldioxyd dorthin ausatmete. Schließlich kamen wir dann in die tiefen Wälder, die von Steinpilzen geradezu strotzten, in entzückenden Kolonien, vom Säugling bis zum „Großvater“, welch letzteren hie und da eine ekelhafte Wanze mit ihrem Stank ungenießbar machte. Oft fanden wir so viele Schwammerl, daß wir sie in unseren Rucksäcken gar nimmer unterbringen konnten. Dann verstauten wir sie in einem Kartoffelsack, den wir an einen Baumast oder eine Holzstange banden und auf den Schultern heimtrugen, den Neid der anderen, weniger glücklichen Sucher mit einer gewissen Schadenfreude genießend.

Bevor es aber soweit war, gingen wir noch zum Buchhofbauern hinein, einem guten Freund unseres Vaters, der uns lachend empfing und eine sehr freigiebige Hand hatte. Er besaß einen riesigen Hof zwischen Taldorf und Weltenburg, der heute dem berühmten Benediktinerkloster gehört und zusammen mit der Klosterschänke dessen wirtschaftliches Rückgrat bildet. Kaum schritten wir durchs Gartentor, erschien auch schon die freundliche Buchhofbäuerin und fragte nach dem Begehr, stellte jedem von uns ein Kracherl auf den Gartentisch, dazu einen Scherzen Bauernbrot mit Butter, und manchmal gab sie auch noch ein Stück Geselchtes dazu, auf das wir besonders scharf waren. Wenn wir aber mit unserem von der Mutter mitgegebenen Fünferl zahlen wollten, lachte sie uns aus.

Das richtige Essen bekamen wir erst nach unserer Heimkehr ins Elternhaus. Wenn dann die Mägen ganz voll waren, verstand es die Mutter ausgezeichnet, uns sofort wieder zu einer neuen Arbeit einzuspannen. Da redete sie von ihren braven Buberln und meinte, daß wir am besten die vielen, vielen Schwammerl gleich mit dem Küchenmesser aufschneiden und sie auf langen Brettern der Sonne aussetzen sollten, damit sie trocken und schön dürr wurden.

Ein paar Tage darauf war es soweit, und dann transportierten wir das fertige Produkt in kleinen Leinensäckerln in das hintere Mansardenzimmer. Ihr feiner Duft erfüllte das ganze Haus. Wenn sie dann im tiefen Winter zusammen mit Fingernudeln oder

Reiberdatschi auf der Speisekarte standen, dann bereiteten sie der ganzen Familie stets größte Freude.

Schade, daß es heute solche Leckerbissen kaum mehr gibt, weil unsere Wälder inzwischen total ausgeplündert und dabei die Wurzelgeflechte größtenteils zerstört wurden. Heute ist jeder froh, wenn er nur ein paar einsame Reherl oder einen Ziegenbart findet, nicht zu vergessen die Maronen, die damals zu den Proletariern zählten und gar nicht beachtet wurden. Der giftige Fliegenpilz mit seiner roten Jakobinermütze aber lacht schadenfroh, wenn etwa einer von uns glaubt, es kämen die guten alten Zeiten mit ihren Steinpilzkolonien noch einmal wieder.

Zu Gast bei den Steinzeitmenschen

Wer von Kelheim, der Donau entlang, nach Weltenburg geht, findet auf dem halben Weg, schräg gegenüber dem Klösterl etwa, eine Siedlung der Steinzeitmenschen, gut geschützt durch den Wassergraben des Stromes, der sozusagen einen kaum zu überwindenden Graben darstellte. Der Steilhang im Rücken bildete einen weiteren Schutz. Dazu kamen noch zwei riesige Felswände jenseits der Donau, eine nahe dem einstigen Kalksteinbruch, die andere in der Langen Wand, die beide senkrecht in die Fluten abfallen und den Zugang verwehren. Man konnte sich also schon sicher fühlen, noch mehr als in der sogenannten keltischen Fluchtburg hinter der Befreiungshalle.

Ja, das einsame Gebiet war praktisch unzugänglich. Wir zwei, mein etwa zwanzig Jahre älterer Cousin Alexander Oberneder, der als Beamter beim Kelheimer Amtsgericht tätig war, ja, wir wußten den Weg dahin ganz genau. Dieser führte über die Donaubrücke, vorbei am stinkenden Schwefelturm der Zellstoffabrik bis hinauf zum Wieserkreuz, von wo aus wir immer den Abstieg zum Donauufer wagten. Dieser Weg war freilich nicht ungefährlich, aber er erschloß uns andererseits eine neue, etwas unheimliche Welt, in die sich um die Jahrhundertwende nur selten jemand begab. Da wuchsen noch, verstreut über das Ufergelände, die seltensten Blumen, das Salomonsiegel, die Königskerze, farbenprächtige Orchideen, der giftige, scharlachrote Seidelbaststrauch und so weiter, von den Maiglöckchen, Leberblümchen und dem Waldmeister gar nicht zu reden.

Verschiedene, nicht allzu tiefe Höhlen, darunter die sogenannte „Räuberhöhle" schräg gegenüber dem Klösterl, veranlaßten uns, neugierig nach Resten aus dem Steinzeitalter zu suchen, und wir fanden sie auch, zu unserer größten Freude. All diese Höhlen wirkten zwar auf mein Kindergemüt unheimlich. Denn es herrschte darin ein geheimnisvolles Halbdunkel, ein eisiges Schweigen, als wären sie Schlupflöcher irgendeines Trolls, wie sie Edvard Grieg in seinem Peer Gynt beschreibt. Aber wir gingen trotzdem tapfer hinein. Denn wir entdeckten darin eine Unmenge historischer Funde, die meinem Cousin, dem Alex, höchst interessant schienen. Er war zwar nur ein Autodidakt, aber in der Fachliteratur sehr belesen, und er freute sich unendlich, wenn wir Steinbeile, Gefäßscherben, gut erhaltene Urnen, Pfeilspitzen, Steinmesser, Totenschädel und allerlei Werkzeug, Kieferknochen von Höhlenbären aus dem Boden holen konnten. Und wenn wir dann mit Schaufel und Pickel den Schutt über prähistorischen Feuerstellen entfernten, erbeuteten wir hie und da auch aus Terra sigilatta geformtes Geschirr, aus einem Material also, das die gescheiten Chemiker und auch die besten Töpfer unseres Zeitalters nicht analysieren, geschweige denn nachmachen können. All diese Funde machten schließlich den Universitätsprofessor Birkner auf uns aufmerksam, der die weite Reise nach Kelheim nicht scheute und mit uns im Höhlendunkel grub.

Jeden Sonntagnachmittag, den strengen Winter ausgenommen, holte mich Alex von zu Hause ab, damit ich ihn in der Höhlenforschung unterstützte. Traten wir dann am späten Abend wieder den Heimweg an, schalteten wir immer eine kurze Ruhepause auf dem Wieserkreuz ein und setzten uns auf das kleine Bänkchen mit der schönen Aussicht. Dann holte Alex seine geliebte Okarina aus der Joppentasche und entlockte ihr eine Melodie, die ich noch heute im Ohre habe, so sehr sprach sie mein Herz an. Drüben aber, im Klösterl, also tief unter uns, antwortete uns zuweilen die Windharfe, montiert auf ein kleines Türmchen der Gartenwirtschaft. Ihre Stimme klang, als käme sie aus anderen Welten, leise, wie ein Echo, das die Andacht in der Natur nicht stören wollte.

So herrlich das Stückchen Erde jenseits des Klösterls auch ist, so oft ich daran denke, erinnert es mich auch an das Entsetzen, das ich empfand, als wir plötzlich eine männliche Leiche entdeckten, die auf einer Felsschwelle senkrecht unterm Wieserkreuz lag, halb verwest und von Füchsen angefressen. Auf unseren Bericht hin begann die Polizei sofort mit Nachforschungen, leider ohne Erfolg, weil es sich vermutlich um einen Lebensmüden handelte, der an Depressionen litt und ausgerechnet in dieser gespenstischen Einsamkeit sterben wollte.

Heute ist es mit der Abgeschiedenheit der Höhlen vorbei. Denn so manche Paddler machen ihr Boot an Steinblöcken fest und sonnen sich nach Herzenslust am Uferrand der Donau.

Andere kommen auf dem Naturfreundeweg vom Wieserkreuz herab in diese himmlische Wildnis, kriechen wie wir in die Höhlen und plündern die herrlichen Kinder Floras. Leider ist auch der Kalksteinbruch mit seiner prächtigen Tropfsteinhöhle nicht mehr in Betrieb. Auch der „Unartige Bischof“ an der Stromschleife, eine mächtige Steinsäule, die ausschaute, als wolle jemand die Hose runterlassen, ist nicht mehr zu sehen, sie ist ein Opfer der Erosion geworden. Aber alle Emporkömmlinge des Massenzeitalters mit ihren Urlaubsgelüsten tragen irgendwie tiefe Ergriffenheit im Gemüt, wenn sie in dieses sonst gut erhaltene Märchenreich eintreten. Sie lauschen schweigend dem Geflüster der Wellen, die ihnen von der Götterdämmerung und dem Ring der Nibelungen erzählen.

Mein Großvater

Ich hatte ihn sehr lieb und war gerade sieben Jahre alt, als er in Kelheim 1899 zu Grabe getragen wurde. Seine Wiege stand noch in der napoleonischen Zeit. Ein sehr kluger Mann mit Haarröllchen an den Ohren und einem feschen, an Wallenstein erinnernden Bart, so lebte er zusammen mit seiner Tochter Klara im „Deutschen Hof", einem ehemaligen Hotel, und zwar in der Nähe vom Mittertor. Ich hatte größte Hochachtung vor ihm und bewunderte die Geschicklichkeit, mit der er im Greisenalter noch, um die Langweil zu vertreiben, aus Pappe, Lehm, Zündholzschachteln, Spiegelglasscherben und einem Malkasten wunderschöne Landschaftsbilder herstellte, die, damals hinter Schaufensterscheiben ausgestellt, Aufsehen erregten, heute freilich als Edelkitsch abgetan würden.

Nun, dieser 1823 geborene Franz Oberneder, mein Großvater, war das uneheliche Produkt eines ungarischen Majors und einer hübschen Bauernmaid aus der Obernzeller Gegend. Er sollte, wie sein Vater, Offizier werden, legte in Passau das Abitur ab und hatte es bereits bis zum Fähnrich gebracht. Aber dann passierte ihm das Unglaubliche. Denn als ihn ein junger Leutnant wegen einer angeblichen Achtungsverletzung im Türrahmen zur Rede stellte, kam er mit diesem so sehr in Streit, daß er das Bajonett zog und ihn beinahe erstochen hätte, wenn ihm nicht die Flucht gelungen wäre. Damit aber hatte mein Großvater seine militärische Karriere verspielt. Er wurde sofort entlassen und mußte einen anderen Beruf suchen. Deswegen wanderte er nun donauaufwärts bis Kelheim, wo er die Witwe des verstorbenen Bezirksamtsschreibers Scheiweck heiratete und vom Ministerium das Amt Scheiwecks übertragen erhielt.

Mein Großvater war grundgescheit und von heiterm Gemüt, trotz des Ernstes in seinen Gesichtszügen. Ein Nachteil seines Naturells war freilich der Jähzorn, der keine Grenzen kannte und in abgeschwächter Form auf meinen Vater überging, ja zum Teil auch auf mich, der ich ein Restchen davon in den Adern zu tragen glaube.

Zuletzt litt mein Großvater an Magenkrebs, dessen Schmerzen er durch Morphiumspritzen bekämpfte. Er ruht jetzt im alten Friedhof bei Kelheim, und als ich beim Leichenzug das Kreuz tragen mußte und die Jammertöne der Friedhofsglocken hörte, hätte ich am liebsten geweint. Denn der Großvater hatte mich immer verhätschelt, und ich bin trotz seines Jähzorns noch heute stolz auf ihn, der es gewiß zum General gebracht hätte, wenn ihm der dumme Leutnant nicht begegnet wäre.

Großvater Franz Oberneder
1823 – 1899

Mit dem Schulranzen am Buckel

Einen Kindergarten im heutigen Sinn gab es 1894 noch nicht. Aber es lief auf das Gleiche hinaus, wenn die Kleinen in die sogenannte „Anstalt" gingen, die, von Klosterfrauen unterhalten, in der Nähe der Pfarrkirche eine nicht unwichtige Rolle spielte. Ja, diese lieben Klosterfrauen, eingehüllt in schwarze Tracht und die steifleinene Unschuld um Stirn und Brust, sie nahmen die Kinderschar in beste Obhut, so daß es die Mütter zu Hause etwas leichter hatten und nicht an jedem Rockzipfel irgend ein kleiner Schreihals hing. Weil es damals noch keine Autos gab, wanderten die jungen Erdenbürger unbesorgt und ganz allein zu den Schwestern, das Täscherl mit einem Stückchen Brot, vielleicht auch einer Semmel oder einem Äpfelchen umgehängt. Trotz aller Andacht, allen religiösen Denkens, war der Aufenthalt in den Klosterräumen gekennzeichnet von einer lieben Heiterkeit, und es gab viel sinnvolles Spielzeug, die Anfänge der Gymnastik, aber auch das Laientheater mit seinem Kulissenzauber. Ich weiß noch recht gut, wie ich anläßlich einer Weihnachtsfeier als maskierter Kasperl ins Rampenlicht trat und lachend das Lied sang: „Ich bin der wahre Ökonom, valerie juchhe", wofür ich großen Beifall bekam.

Aber mit sechs Jahren, da hieß es dann als ABC-Schütze in die staatliche Volksschule gehen, wo sich ganz reibungslos der Übergang vom Spiel zum methodisch richtigen Lernen vollzog. Ich kam in die Klasse des schon bejahrten, aber außerordentlich beliebten Oberlehrers Limmer. Er war ein ebenso kluger wie freundlicher Pädagoge, der ohne Tatzensteckerl auskam und dem ich außerordentlich viel zu verdanken habe, namentlich auf dem Gebiet der Musik. Er leitete auch den Pfarrkirchenchor, hielt, die Geige in der Hand, jeden Freitagabend in seinem Klassenzimmer die Probe für einen großen gemischten Chor ab, zu der jeweils auch mein Vater, ein treffsicherer, hoher Tenor, erschien.

Besondere Sorgfalt widmete er im Unterricht dem Schönschreiben, wo ich unbedingt Erster werden sollte, aber meinen Nachbarn, den Lickleder Schosl, doch nicht erreichte. Die Konkurrenz mit ihm dauerte die ganzen sieben Volksschuljahre. Aber bei der

Im Kindergarten als Miniaturhauptmann

Entlassung erhielt ich dann doch ein Schulzeugnis mit lauter Einsern, während der Schosl, mein späterer Schulratskollege, trotz seiner gestochenen Handschrift einen Zweier in Kauf nehmen mußte.

Den alten Oberlehrer Limmer werde ich nie vergessen, daß er zu jenen gehörte, die mir die Welt der Töne erschlossen, daß er als Erster mein absolutes Gehör erkannte und mich beim sonntäglichen Gottesdienst oft ein Sopransolo singen ließ, mich den kleinen Lauser, im Rahmen eines großen Chores, den der Regensburger Domkapellmeister Englhart als die Perle des Donau- und Altmühltales bezeichnete. Die gleiche Gunst erwies er nur noch dem gleichaltrigen Sopherl vom Schreiner Amann, das dann später den Straubinger Chordirektor Behner heiratete und ihm zwei hochbegabte Buben schenkte, glänzende Musiker, wie sie nicht alle Tage aufwachsen.

Der Bettelstudent

Wer die Volksschule hinter sich hatte, mußte sich für irgendeinen Beruf entscheiden. Ich mit meiner Schwärmerei für die Natur wäre am liebsten Förster geworden. Dieses Ziel hätte ich auch erreichen können, weil es ja in Kelheim, nahe der Kanalbrücke, eine Waldbauschule gab, dic darauf vorbereitete. So gut es der an ihr wirkende grundgescheite Realienlehrer Rieger mit mir meinte und so sehr mich mein Vater dazu ermunterte, die Sache scheiterte; denn in dem von der Regierung verlangten Gesundheitszeugnis stellte der Bezirksarzt fest, daß ich kurzsichtig sei und an irregulärem Astigmatismus leide, so daß ich niemals mit einer Büchse umgehen könne. Nun war guter Rat teuer. Der öfter in unserem Elternhaus verkehrende Herr Kooperator riet zur Dompräbende in Regensburg. Aber ich zog nicht recht. Den entscheidenden Einfluß aber übte dann der liebe, brave Oberlehrer Limmer aus, der meinem Vater nach einer Kirchenchorprobe empfahl, mich Lehrer werden zu lassen, zu welchem Zweck ich zuerst die Präparandenschule Landshut und dann das Straubinger Lehrerseminar besuchen müsse. Die Mutter hatte zunächst Einwände und zwar wegen der finanziellen Belastungen, mußte sie doch für eine ganze Stube voll Kinder sorgen.

Aber da schaltete sich letzten Endes ein Mann ein, der es wirklich gut mit uns meinte, der Herr Amtsrichter Oberhofer, ein Sangesbruder und Intimfreund meines Vaters. Beide hatten viele schöne Stunden in der Liedertafel erlebt und hundertmal den stolzen Sängerspruch „Grüß Gott, grüß Gott mit hellem Klang! Heil deutschem Wort und Sang" in die Luft geschmettert. Er versprach, sich meiner in jeder Hinsicht anzunehmen, wenn ich in die Präparandenschule Landshut eintrete und irgendwie Hilfe brauche. Und das konnte er schon deshalb leicht tun, weil er gerade zum Landgerichtsrat ernannt und nach Landshut versetzt worden war.

Interessant war, daß jetzt auf einmal auch mein Rivale auf der Volksschulbank, der Lickleder Schorschl, Lehrer werden wollte. Im Gegensatz zu mir gab es bei ihm keine finanziellen Probleme, denn sein Vater war ein wohlhabender Gastwirt und seine Schwester, die spätere Frau Cafetier Vogt, hatte nicht nur ihn, sondern auch mich ins Herz geschlossen, in mütterlicher Hilfsbereitschaft, die uns beiden zustatten kam, besonders als wir zu viert zur Aufnahmeprüfung nach Landshut fuhren, meine Mutter und ich, der Schorschl und seine Schwester. Und siehe da, wir beide wurden sehr gut qualifiziert, durften auch gleich in Landshut bleiben.

Die erste Hürde war genommen. Doch jetzt kam die Sorge um die Unterkunft. Meine Mutter hatte Glück und fand für mich Quartier bei einer betagten, kreuzbraven Lehrerswitwe namens Schäftlmeier, nahe dem Pfarrhof Sankt Martin. Sie überließ mir ein Zimmerchen, das zusammen mit Morgen- und Abendkaffee ganze zwölf Mark im Monat kostete. Jetzt fehlte nur noch der Mittagstisch. Aber da mußte, wie versprochen, der Herr Landgerichtsrat Oberhofer aus der Not helfen. Er wohnte in einem schönen Haus, Ecke Grasgasse-Neustadt, und sagte auf unsere Bitte sofort den Dienstag jeder Woche als Kostplatz zu, benannte auch noch eine Reihe anderer ihm befreundeter Familien, die in Frage kommen konnten und auf seine Empfehlung hin gerne zusagten, so daß ich gewiß keinen Hunger zu leiden hatte.

Bei Oberhofer gab es meist Rindfleisch mit Blaukraut und Pfannkuchensuppe und nachher eine schmackhafte Fastenspeise. Serviert wurde mir alles von der Filia hospitalis in einem netten Zimmerchen mit Blick auf das Neustadtpflaster. Am Freitag war ich jeweils Gast beim Herrn Regierungspräsidenten, Freiherr von Andrian-Werburg, und zwar in seiner Küche, die im zweiten Stock des Stadtschlosses lag und von zwei Kocherln in weißer Schürze und weißer Schleife im Haar bedient wurde. Sie empfingen mich jeweils sehr freundlich, setzten mich an einen Klapptisch am Fenster und servierten mir fast immer Fisch mit pikanten Beilagen, und wenn ich fertig war, steckten sie mir jedesmal noch ein paar Rohrnudeln in die Joppentasche, damit ich auch abends etwas hatte. Nicht anders war es am Samstag bei Herrn Zigarrenfabrikanten Hofbauer, der einen großen Kolonialwarenladen mittwegs zwischen Landshut und Achdorf hatte. An seinem Familientisch aßen außer mir noch drei weitere Bettelstudenten mit, darunter ein baumlanger, der vor dem Abitur stand und Pfannenstiel hieß. Herrn Hofbauers Frau war eine ausgesprochene Schönheit, die einem Defregger hätte Modell stehen können. Sie hatte uns lieb wie ihre eigenen zwei Töchterlein, die mit uns am Tische saßen. Und wenn wir fertig waren, schnitt sie jedem von uns ein Stück Emmentalerkäse vom Laib herunter, das uns dann abends zugute kam.

Beim Seifensieder Illinger gegenüber der Martinskirche erhielt ich jeden Donnerstag dreißig Pfennige, mit denen ich mir im Auskochgeschäft Dirscherl eine gute Leberknödelsuppe, dazu zwei heiße Weißwürste und Kartoffelsalat kaufen konnte. Reizend war es aber auch am Sonntag, wo ich mit acht anderen Studentlein im Besuchszimmer des Franziskanerklosters verköstigt wurde. Da gab es immer unglaublich große Kalbsbratenportionen, mit denen man eine halbe Woche hätte reichen können, einen Schoppen Bier und einen Viertellaib guten Bauernbrotes.

Natürlich verlangten unsere Wohltäter auch Einsicht in die Quartalszeugnisse. Aber sie drückten schon ein Auge zu, wenn sie darin einen Dreier fanden und schenkten uns gern ein Markstück, wenn keiner darin stand. Am schwersten wurde mir beim Vorzeigen der Noten der Gang zum Herrn Regierungspräsidenten, einer sehr respektablen Figur mit imponierendem Vollbart. Aber auch er hatte ein Herz und langte gern in die Geldbörse, um mir Freude zu machen.

Alles in allem genommen, ging es mir als Bettelstudent gewiß nicht schlecht, weil freundliche Menschen dafür sorgten, daß ich nicht hungern mußte. Meine Mutter gab mir zudem fünf Mark Taschengeld im Monat, mit denen ich freilich auch den Schreibbedarf decken mußte. Ein Krösus war ich natürlich nicht. Aber trotzdem blieb mir am Monatsende so viel übrig, daß ich bei der Fahrt in die Weihnachtsferien ein kleines Christkindl mitbringen konnte, der Mutter etwa eine zierliche Kaffeetasse, geschmückt mit dem Bild des Martinsturms, und dem Vater eine Importe um fünfzig Pfennig, weil er sonst immer nur „Drei Stück zu zwanzig" rauchte.

Pestalozzis Lehrbuben

Die Präparandenschule Landshut war ein pädagogisches Zuchtinstrument, das uns bis zur Grenze des Erträglichen in Anspruch nahm. Von meinen Lehrern ist mir am eindringlichsten der Anstaltsleiter, Kreisscholarch Salisko, in Erinnerung, ein kleines, dürres Männlein mit Perücke, das unverkennbar an den Beckmesser aus Richard Wagners Meistersingern gemahnte. Salisko erteilte den Unterricht in Geschichte, Gesang, Harmonielehre und Orgel. Wer da in der griechischen oder römischen Geschichte nicht über alle Details, über alle Kulturzentren, Jahreszahlen, die Kriegszüge Alexanders des Großen, aber auch über die Regeln der Harmonielehre bis ins kleinste Bescheid wußte oder etwa gar die Todsünde von Quinten- und Oktavenparallelen beging, der hatte bei Gott nichts zu lachen. Einmal stieß er mich am Orgelstuhl so stark in die Rippen, daß ich auf den Boden herunterfiel, weil ich beim Modulieren nicht schnell genug die Zieltonart erreichte. Nun, ich tat so, als habe ich mir den Arm gebrochen und brüllte wie ein Narr, obwohl ich nichts spürte. Aber da bekam es Salisko mit der Angst, und schon führte er mich hinunter in seine Privatwohnung und riet mir, mich hinzulegen, was ich auch sehr gerne tat, zumal mir seine liebe Frau bald ein Stück Kuchen brachte, um mich zu trösten. Trotzdem war auch Salisko kein Tyrann im eigentlichen Sinne, sondern ein bemitleidenswerter Neurastheniker, ein ungemein gewissenhafter Pädagoge, der schon zufrieden mit mir war, weil er meine Treffsicherheit im Reich der Töne schätzte, namentlich auch mein absolutes Gehör, das nicht jeder bei der Geburt mitbekommt.

Die übrigen Lehrer waren alle so, wie man es sich nur wünschen konnte, namentlich Seminarlehrer Schott, der Mathematik- und Geigenunterricht erteilte. Bei ihm hatte ich einen ganz großen Stein im Brett, weil uns eine außerordentliche Liebe zur Musik verband. Eines Tages überraschte mich dieser Musterlehrer mit einem köstlichen Angebot, indem er sagte: „Nächste Woche kommt der berühmte Komponist Max Reger nach Landshut, um im Bernlochnersaal ein Klavierkonzert zu geben. Wenn du Lust hast, nehme ich dich mit!“ Weil ich mir nichts Schöneres vorstellen konnte, sagte ich sofort dankbar zu. Es war im Jahre 1906. Ich konnte das Konzert vor Aufregung kaum mehr erwarten.

Aber als es stattfand, kam es bei mir zu einer völlig unerwarteten Überraschung. Der Saal war bis zum letzten Platz ausverkauft, gefüllt mit einem Haufen Prominenz, hinauf bis zum Herrn Regierungspräsidenten. Max Reger, in Frack und weißer Weste, trank gerade im kleinen Vorzimmer ein Glas Sekt, als Seminarlehrer Schott und ich bei ihm eintraten. Schott, mich an der Hand führend, begrüßte den Meister herzlich und sagte: „Ich habe Ihnen einen kleinen Musikanten mitgebracht, der Ihnen umblättern kann, wenn Sie am Flügel sitzen.“ Nun, Reger sah mich von Kopf bis Fuß an und erwiderte freundlich: „Einverstanden!“

Als der Meister dann in den Konzertsaal eintrat, ich voll Bühnenfieber hinter ihm, gab es einen Riesenapplaus. Aber als er dann am Flügel zu spielen begann, kamen meine Augen nach kurzer Zeit schon nicht mehr mit, alle Noten verschwammen vor ihnen, und schon auf der dritten Seite war es soweit, daß ich aufgeben mußte, nicht mehr wußte, wann umzublättern war.

So saß ich tatenlos, mit hochrotem Kopf hinter Reger, so daß ich das Ende des Spiels kaum mehr abwarten konnte. Und als der Meister am Schluß wahre Beifallsstürme erntete, wäre ich am liebsten im Boden versunken. Als ich kurz darauf wieder neben ihm im Vorzimmer stand, hatte ich Tränen in den Augen. Reger, der sie bemerkte und den Grund sicher kannte, streichelte mir über das Haar und sagte lachend: „Bist nimmer mitkommen, Kleiner, gelt? Aber daran bin ich selber schuld gewesen, denn ich hab mich ein paarmal gar nicht an meine Noten gehalten, bin von ihnen abgewichen, und das konntest du ja gar nicht wissen.“

Im Jahre 1908 endete mein Besuch der Präparandenschule Landshut, damit aber auch das liebe Bettelstudentendasein. Denn ich hatte die Übergangsprüfung ins Lehrerseminar gut bestanden und das Jünglingsstadium erreicht, kam ins Lehrerseminar Straubing, wo mich — welche Würde — die Lehrer schon mit „Sie“ ansprechen mußten. Ein neuer Akt im Schauspiel Leben begann.

Im Lehrerseminar

Mit dem Eintritt ins Straubinger Lehrerseminar im Jahre 1908 war mein Bettelstudentendasein zu Ende. Jetzt durfte ich in jenem stattlichen Gebäude gegenüber der Kirche Sankt Jakob wohnen und essen, das einst im Zuge der Gegenreformation den Chorherrn von Münster als Kloster, nunmehr aber dem Staat als Bildungsstätte und Internat für angehende Pädagogen diente. Es gab darin außer den Lehrsälen zwei große Schlafsäle, in denen jeder sein Heidibett hatte, dazu den Speisesaal im Erdgeschoß und das eigene Pult im Studiersaal der ersten Etage, den wir „Museum" nannten. Ergänzt wurde all das durch einen schmalen Pausehof, dessen Außentor zum Laden des Glockengießers Gugg und zum Kasmarktbergl führte.

Es war eine Unterkunft, die zwar der Individualität wenig Spielraum ließ, umso mehr aber die persönliche Freundschaft förderte. Die Verpflegung, abwechslungsreich und keineswegs zu knapp, befriedigte jeden, ausgenommen die Abendkost vom Dienstag, an dem es immer Ochsenfleisch in brauner Sauce mit gerösteten Kartoffeln gab und das bei uns den Spottnamen „Leder" führte, weil es meist ein wenig hart war und verwöhnten Muttersöhnchen nicht behagte. Unvoreingenommene fanden es aber gewiß nicht schlecht. Aufsicht führte im Studier-, Schlaf- und Speisesaal jeweils ein junger Seminarassistent, oftmals auch der allen Straubingern bekannte, damals noch unverheiratete Assistent Heim, der, weil etwas grobschlächtig und plattfüßig, den Spitznahmen „Kloiffel" führte und Hauptziel unserer Lausbubereien war, obwohl ihm jeder Gerechtigkeit und Gewissenhaftigkeit zugestehen mußte.

Der Chef des Hauses war Seminardirektor Hartmann, an dessen edlem Menschentum niemand zweifelte. Zu den Säulen des Lehrerkollegiums zählte Seminaroberlehrer Mohnlein, der Deutsch und Geschichte lehrte und später mein Schwiegervater wurde. Dazu gehörte aber auch der weltmännisch elegante Dr. Abb, der uns in Mathematik und Psychologie schulte, ferner der Vater der Seminarübungsschule Vaeltl, dann auch noch der gute Herr Götz und der junge Hubrich. Ganz besonders imponierte mir aber Seminaroberlehrer Anton Schwarz, mit dem mich eine tiefe Liebe zur Musik verband. Er erteilte Orgel-, Gesangs- und Harmonielehreunterricht, war ein ausgezeichneter Komponist, der herrliche Lieder im Stile Hugo Wolfs und eine wunderschöne Männerchormesse schrieb, die bei Marzello Capra in Mailand erschien und die ich zu gern an der Orgel begleitete. Schwarz war Schüler der Münchener Akademie und eng mit Professor Rheinberger befreundet. Nun, ich hatte eine unendliche Freude, als er mir das Amt eines Musikmonitors übertrug. Denn jetzt durfte ich, trotz meiner jungen Jahre, jeweils die Orgel beim Studiengottesdienst spielen, droben in der Jesuitenkirche, manchmal auch in der Stiftskirche, wo mir die Manuale besonders imponierten. Schwarz, der dirigierte, lobte mein Präludieren und achtete genau darauf, daß ich bei den Responsorien sogleich den richtigen Ton fand, den der Geistliche anstimmte, ohne ihn durch Herumtippeln auf den Tasten zu ermitteln.

Alles in allem, das Lehrerkollegium stand bei uns hoch im Kurs. Es war kein Kleinkrämer dabei, wenn man von ein paar Absonderlichkeiten des Physik- und Chemielehrers Welsch absieht, die man aber leicht ertragen konnte.

Nachmittags, gegen vier Uhr, wurden wir in langer Zweierreihe unter Aufsicht eines Seminarhilfslehrers spazieren geführt, auf den beiden großen Plätzen und in den Seitengassen. Sonntags aber gab es zwischen elf und zwölf Uhr einen freien Ausgang, den wir zu einem Bummel vor den Schaufenstern der alten Patrizierhäuser nutzten. Ja, dieser Sonntagsausgang stand ganz hoch im Kurs, weil wir da lockeren Kontakt mit netten Bürgermädchen fanden, die bei uns den Spitznamen „Loffen“ trugen. Jeder von uns schwärmte da für eine heimliche Geliebte. Trotzdem kam es bei diesem köstlichen Bummel nur zu einem scheuen Blickwechsel, und wenn auch nur das kleinste Lächeln im Antlitz der Angebeteten wahrzunehmen war, fühlte sich der junge Seminarist schon wie im siebten Himmel. Zu intimen Gesprächen, tatsächlichen Liebesgeschichten oder unerlaubten Abenteuern aber kam es keineswegs. Natürlich versuchte sich jeder von uns durch ein möglichst gutes, flottes

Aussehen in Positur zu setzen. Dazu gehörte auf alle Fälle die „Melone", die man beim Hutmacher Gruber für nicht ganz neun Mark kaufen konnte, dazu der Zwicker auf der Nase und der den Hals einschnürende steifleinene Vatermörder, anläßlich der „Absolvia" auch noch der schwarze Gehrock und das elegante Spazierstöckerl, die violette Mütze und das Couleurband, vorausgesetzt, daß sich einer all das leisten konnte. Am Abend saßen wir dann wieder alle an unseren Pulten im Museum und büffelten, namentlich, wenn eine Schulaufgabe im Kalender stand. Dabei ergab sich für mich einmal eine sehr gefährliche Situation, die ich am Anfang nicht übersehen konnte. Da heftete nämlich mein Pultnachbar, der kleine, spitzbübische Dachs, einen Zettel an die Anschlagtafel, auf dem stand: „Heimlich hat mir einer mein Chemieheft gestohlen." Dabei hob er die Silbe Heim mit dicken Druckbuchstaben hervor, um dem aufsichtsführenden Seminarhilfslehrer Heim, der gerade ausgetreten war, eins auszuwischen. Ich aber, stets zu allen Lausbubereien bereit, heftete einen zweiten Zettel dazu, der so lautete: ‚Hundertfachen Dank erhält, wer es mir wiederbringt." Dabei sperrte ich das Wort Hund nach dem Muster von Dachs. Als Heim dann von der Toilette zurückkam und auf die Tafel schaute, las er sofort die beiden Sperrwörter im Zusammenhang und faßte die Verbindung „Heimhund" als eine ungeheure Beleidigung auf, die er sofort dem Direktor meldete.

Was ich getan hatte, war höchst unüberlegt. Aber ich kann noch heute einen Eid darauf schwören, daß ich nicht im mindesten beabsichtigt hatte, einen Lehrer mit dem Ausdruck „Hund" zu beschimpfen. Bei der Untersuchung des Falles ging es für mich um Kopf und Kragen, und ich konnte vor Herzklopfen kaum mehr atmen, wenn ich an die Konferenz dachte, die das Urteil fällen würde. Beantragt war die sofortige Entlassung aus der Anstalt. Es kam aber nicht dazu. Wer mich rettete war Seminarlehrer Anton Schwarz, der sich wie ein Löwe für mich einsetzte, nicht etwa deswegen, weil ich sein Musikmonitor war, sondern weil er felsenfest an meine Unschuld glaubte.

Freilich, die Strafe, die nun folgte, war hart. Es wurde mir der Sonntagsausgang für das gesamte Jahr gesperrt. Außerdem erkannte man mir das schon bewilligte Stipendium in Höhe von 250 Mark ab. Und zudem bekam ich im Schlußzeugnis, bei der Absolvia, die höchst fragwürdige Sittennote: „Von einer unüberlegten Verfehlung abgesehen, hat sein Betragen stets befriedigt." Nun, diese Bemerkung stand völlig im Gegensatz zu meinen sonstigen guten Noten. Sie überraschte nicht wenig den berühmten Stadtschulrat Kerschensteiner, als ich 1912 bei ihm wegen einer Versetzung nach München vorsprach. Überholt jedoch vom Zeugnis der zweiten Lehramtsprüfung, hat sie mir niemals geschadet, auch dann nicht, als mich das bayerische Kultusministerium im Jahre 1919 zur Dienstleistung am Straubinger Lehrerseminar einberief, wo ich Orgel-Harmonielehre und Erdkundeunterricht erteilte und am eigenen Leib verspüren konnte, wie harmlos solch kleine Neckereien mit der heranwachsenden Jugend doch eigentlich sind. Und die Differenz zwischen Herrn Heim und mir war sehr bald ausgeglichen. Älter geworden und schon im Silberhaar, der geborene Bienenvater, schloß er mit mir eine tiefe Freundschaft, die bis zu seinem Tode währte.

Tief im Böhmerwald

Immer wenn der Winter kommt, muß ich an das eingeschneite Wegscheid nahe der böhmischen Grenze denken, das ich vor mehr als siebzig Jahren antraf, als ich, ein neugebackener Hilfslehrer, dorthin versetzt wurde. Meine Mutter hatte mich in einen nagelneuen Konfektionsanzug aus dem Regensburger Textilienhaus Manes gesteckt und mir ein Zwanzigmarkstück in die Hand gedrückt, dazu noch die Fahrkarte von Kelheim nach Obernzell. „So, Bub", sagte sie, „jetzt mußt du dir dein Geld selber verdienen und schaun, wie du durchkommst, aber wenn es dir wirklich einmal schlecht geht, helfen wir dir schon aus der Not."

Es war der Start eines Optimisten, als ich, den Kopf schon in der weiten Welt, das Herz aber noch immer am Schürzenzipfel der Mutter, in Kelheim die Eisenbahn bestieg. Hinter Saal sagte mir zu guter Letzt die Befreiungshalle Lebewohl. Ich fühlte zutiefst, daß ich jetzt Abschied vom Himmel der Kindheit nahm. Aber die Donau blieb mir treu, sie guckte immer noch durchs Fenster des Abteils. Die Fahrt ging flott weiter, vorbei an den Regensburger Domtürmen, an den reichen Dörfern des Gäubodens, an Straubing und der Festung Oberhaus. Meine Augen nahmen all dies mit höchster Neugier auf. Und dann hielt der Zug an der Endstation Obernzell, das gerade die Fensterläden zumachte und die Petroleumlampen anzündete.

Man schrieb den 1. Oktober des Jahres 1910. Weil die Zahnradbahn noch nicht gebaut war, blieb mir nichts anderes übrig, als in die ganserlgelbe Postkutsche einzusteigen, in der schon drei Klosterfrauen und zwei Zöllner saßen, die auch nach Wegscheid wollten. Ein Peitschenknall, und dann ging es in steilen Kurven bergauf nach Untergriesbach. Draußen, vor den Schiebefenstern tanzten die ersten Schneeflocken, die sich schnell verdichteten, in Pilzöd sich zu einem handfesten Schneegestöber auswuchsen und das ganze Land in ihr kaltes Weiß hüllten. Plötzlich packte mich das Heimweh. Ja, in Kelheim, da saßen sie jetzt gewiß bei einer Schale Malzkaffee und einer Rohrnudel beim Abendessen. Darnach las der Vater den Altmühlboten, wobei er öfter die Nickel-

Hilfslehrer Marzell Oberneder 1911

brille putzte. Mich aber hatte das Schicksal der Ungewißheit ausgeliefert, einer Atmosphäre, wie sie um das „Wirtshaus im Spessart“ gruselte.

Draußen vor dem Kutschenfenster das einsame Wirtshaus Pilzöd. Zum Schneegestöber kam nun auch noch der Böhmwind, der sich wie die wilde Jagd gebärdete, an den Dachsparren zerrte und die Kronen der Urwaldriesen bog. Unwillkürlich rückten wir zusammen und versuchten uns mit einem Gespräch über das Unwetter hinwegzusetzen. Die steifleinene Unschuld der Nonnen, drei Schulschwestern, hatten in mir längst den kommenden Amtsbruder gewittert und gaben mir beste Auskunft über die schulischen Verhältnisse in Wegscheid, so daß ich mir die Möglichkeiten und Grenzen meines pädagogischen Tuns leicht ausrechnen konnte. Durch Zufall hörte ich den Postillon zum Wirt von Pilzöd sagen: „Nein, ich habe diesmal nur Briefe, keine Pakete für Sie, Herr Oberneder.“ Das Wirtshausschild bestätigte, daß ich mich bei dem Namen nicht verhört hatte. Und da erinnerte ich mich, daß mein Großvater einmal gesagt hatte, daß seine Vorfahren mütterlicherseits aus der Obernzeller Gegend stammten, nicht weit vom Goldenen Steig. Es waren Bauern von der „oberen Einöde“, die im Urwald zwischen Donau und Böhmen ihre weltvergessenen Höfe bauten.

Aber schon wieder knallte die Peitsche und wieder ging es weiter durch die tiefverschneiten Wälder, immer höher hinauf, bis wir endlich Wegscheid erreichten. Wegscheid! Das waren zwei Zeilen Häuser, gefädelt an die nach Böhmen führende Straße. Sie trugen fast durchweg ein flaches Blechdach und schützten sich durch kleine Fenster vor der Winterkälte. Als die Postkutsche ankam, spendeten ein paar Laternen spärliches Licht, trübselig flackernd. Ringsum halbmetertiefer Schnee. Ein eisiger Wind zerzauste mir das Haar und zerrte an meinem Mantel. Ich glaubte mich ans Ende der Welt versetzt. Die Klosterfrauen hätten mich gerne mitgenommen, weil ich noch kein Quartier hatte. Aber sie fürchteten, bei der Frau Oberin auf Widerstand zu stoßen, und nach einer Zelle hatte ich sowieso kein Verlangen. Schließlich erbarmte sich ein Grenzer meiner und führte mich zum nahen Gasthof Brühmüller. Sein

Besitzer, der weit und breit bekannte Brühmüllervater, wäre ein prächtiges Modell für den Maler Spitzweg gewesen. Zweieinhalb Zentner Körpergewicht, einen mächtigen Fürfleck um den Bauch, dazu einen roten Schnauzbart, der ausschaute, als wären ihm zwei Eichkatzl in die Nasenlöcher geschlüpft, welche die Schwänze heraushängen ließen. Den Handkoffer absetzend, stellte ich mich ihm als der neue Hilfslehrer vor. Da wollte er mich sogleich in das Honorationsstübchen führen, wo gerade der Herr Distriktsschulinspektor Hubbauer, der Amtsrichter Meier, der Bezirksamtmann und der Ökonomierat Schramm Schafkopf spielten. Weil ich noch keine Schneid hatte, in solch noble Gesellschaft einzudringen, zog ich es vor, im Gastzimmer zu bleiben und verlangte, weil ich halb erfroren war, eine Tasse Tee. Die Wirtin, Frau „Realitätenbesitzer" Brühmüller, brachte sie mir schnell und dazu ein paar altbackene Semmeln. Eine geborene Österreicherin aus dem Mühlviertel, paßte sie ausgezeichnet zu ihrem Mann, sowohl bezüglich der Figur wie des Temperaments. Mit einer wohlklingenden Altstimme nahm sie mich sofort in ihre mütterliche Fürsorge. Weil sie an meinen Augen sah, daß ich schon etwas müde war, führte sie mich bald in ihr bestes Zimmer, und als ich, etwas mißtrauisch nach dem Preis fragen wollte, schnitt sie mir mit den Worten das Gespräch ab: „Machen Sie sich keine Sorgen, Herr Lehrer, Sie werden schon zufrieden sein."

Bis ich mich umschaute, hatte ihr fünfzehnjähriges Töchterlein Reserl schon meinen Koffer und meinen Mantel nachgebracht und nun galt es, nur noch Gute Nacht zu sagen und die Türe fest zuzuschließen, damit mich ja niemand stehlen konnte. Nun, in den weichen, warmen böhmischen Federn schlief ich wie ein Murmeltier. Als aber um Mitternacht die Turmuhr schlug, so nahe und dröhnend, wie ich das noch nie gehört hatte, da schreckte ich auf. Stundenschlag? Ja, wie schön war er noch zu Hause. Und erst das Weltenburger Geläut, dessen tiefen Baß die Wellen der Donau durch die Lange Wand oftmals bis nach Kelheim heruntertrugen, daß es klang wie Sirenengesang aus fernen Zauberreichen! Hier aber tönte sozusagen die Stimme des Jüngsten Gerichtes niederschmetternd, mitleidlos. Und der Böhmwind pfiff dazu wie eine

Schar wilder Teufel, die von der russischen Steppe kamen. Da kroch ich schnell wieder unter die Decke, in den Schutz der Wärme und träumte von Daheim.

In der Wegscheider Schulstube

Der Winter des Jahres 1910 hatte auch über den Markt Wegscheid an der böhmischen Grenze seine weiße Decke gezogen. Eine schlichte, trauliche Häuserfamilie stand, als ich am Morgen nach meiner Ankunft im Gasthof Brühmüller die Fenster öffnete, überzuckert von feinsten Schneekristallen, im kalten Sonnenlicht. Die Kastanien am Kirchplatz trugen herrlichen Rauhreifschmuck, die Drähte der Telefonleitungen hingen wie weiße Seile zwischen den Dächern. Raben schämten sich – trotz ihres feierlichen schwarzen Frackes – nicht, in dampfenden Roßäpfeln nach unverdauten Körnern zu suchen, und im Filigran der Zweige rauften Spatzen um ein warmes Plätzchen. Es war der Blick in eine andere Welt, die, plötzlich, durch die Regie Frau Holles in ein Märchenreich verzaubert, sich meiner Neugier willig erschloß. Das Gold der Kirchturmzeiger lächelte froh über der unter Blechdächern schlafenden Einsamkeit. Mitten auf der Straße plauderte ein Röhrenbrunnen. Der Metzger Escherich wusch sich gerade daran, laut prustend, wie er es jeden Tag gewohnt war, und es dauerte immer sehr lange, bis sein gutmütiger Seehundkopf sauber war. Er weckte damit alle Nachbarn auf, damit sie noch rechtzeitig zum Kaffee kamen, ehe die Arbeit begann. Das eiskalte Wasser mußte ihm wirklich große Wonne bereiten, weil die Äußerungen des Wohlbehagens so deutlich wurden, daß sogar die Frau Bezirksamtmann nach sieben Uhr nicht mehr schlafen konnte und seufzend aus den Federn kroch.

Der Markt Wegscheid bevorzugt den Wohnstil Österreichs, so, wie er sich jenseits der Grenze äußert. Es ist das Weißgrau der Zollkasernen aus dem Reich des Doppeladlers, das hier Platz griff, ohne Salzburger Beschwingtheit, mit kleinen Fensteraugen, abgeguckt den schmucklosen mittelalterlichen Burgen im Mühlviertel. Auch das Schulhaus, das sich als erstes in mein Blickfeld schiebt, war so ein nüchterner Kasten, ein Zweckbau, ohne Liebe mitten in die Bürgerfamilie gesetzt. Mich fröstelt bei dem Gedanken, daß er mein zukünftiges Heim werden soll. Meine neunzehn Jahre sträuben sich gegen ein solches Gefängnis, sie brauchen Licht, Wärme,

Freude und wenigstens etwas Schmuck. Mir bangt vor Paragraphen und Mietkasernen, vor Langeweile und Instanzen, die amtliche Finger haben und sich in alles mischen. Aber liegt da nicht, wie eine Verheißung, überall auch das hoffnungsfrohe Lächeln der Sonne, die alles in Gold taucht und selbst dort noch, wohin ihr Strahl nicht dringt, weichblaue Schatten von wundervoller Zartheit auslegt, leuchtenden Hermelin, der sich ausbreitet über ein Reich von herber, unberührter Schönheit, beginnend mit tausend strahlenden Gipfeln, endend in meinem jungen Herzen, das Besitz ergreifen will von einem Glück, das auf mich wartet.

Nach dem Frühstück stehe ich pünktlich in der Schulklasse. Sofort umfängt mich ein anheimelndes Gefühl frohen Geborgenseins. Es sind zwar einhundertdreißig Schüler, alle eingestellt auf das Neue, das sich ihnen mit meiner Person präsentiert, so daß ich wie im Mittelpunkt des Weltinteresses stehe. Und doch ist es nur eine kleine Zwergschule voll wartender Herzen, die erst durch meine Arbeit zu braven Bürgern erzogen werden sollen. Im riesigen Kachelofen krachen ein paar kernige Buchenscheiter. Ihr Duft ist das schönste Parfüm, das ich mir denken konnte. Er mischt sich freilich mit dem feuchten Schmauch, der von nasser Kleidung, von Schmelzwasserpfützchen am Boden und selten gewechselter Wäsche aufsteigt, zu einem undefinierbaren Geruchskonglommerat, das jeder als Schulluft zur Genüge kennt und im Winter auch bei dreißig Grad Kälte noch erträglich findet. Draußen vor der Tür stehen, feinsäuberlich in Reih und Glied ausgerichtet, viele, viele Böhmschuhe aus Holz. Auf die Schultafel aber hatte eine kleine, nicht ungeschickte Hand geschrieben: „Grüß Gott, tritt ein, bring Glück herein!“

Sofort fühlte ich mich zu Hause. Hier, zwischen meinen zahlreichen Kindern hatte das Heimweh keinen Platz mehr, keine Träumerei und kein Rückwärtsschauen. Und weil ich die Kathederheiligen nie im Leben mochte, jene auf Krücken der Autorität hinkenden Jünger Pestalozzis, die eines hölzernen Thrones bedürfen, um zu wirken, mischte ich mich sofort unter die Buben, und zwar unter jene, die ich für die liebsten Gauner hielt, auch wenn sie darüber erstaunte Augen machten. Der Grillhösl Alois war einer von ihnen, vermutlich sogar ihr Anführer. Später wurde er mein Musterschüler.

Eine Klasse ist nicht wie eine Lotterie, in der das Glück über Treffer oder Nieten entscheidet. Es ist alles noch ungehauener Stein, aus dem unser Wille, unser pädagogisches Geschick in harter Arbeit Menschen mit reinem Herzen, klarem Kopf und gesunden Gliedern schaffen soll. Nichts kommt vom Zufall, alles von der Begabung, vom Fleiß und der richtigen Diagnose. Mir oblag die Aufgabe, hundertdreißig Köpfen die Weichen für ein Leben zu stellen, das Könige und Knechte aufmarschieren läßt für Zeitgenossen, die wie Tiere am Pflug gehen und solche, die eine Peitsche schwingen wollen. Keiner hat einen Freibrief für Sattsein und Ruhe. Noch sitzt der Armenhäusler beim künftigen Minister, der Landstreicher beim späteren Kardinal. Was aus dem Glashaus der Familie in die frischere Freilandluft des Staates gegeben wird, soll unter starker Führung lernen, Hindernisse zu nehmen, sich rüsten zum Wettlauf um Heim und Brot. Alle Menschenbildung geht von der Weckung des Interesses aus, sie verlockt zur Nachahmung, beginnt mit der Bekämpfung der Ichsucht und endet bei der Selbstlosigkeit. Güte ist ein Produkt des Gemütes oder der aus Erfahrung schöpfenden Überlegung. Am Ende aber stehen Menschenliebe, Klugheit und der Mut zum Verzicht. Diese drei Urkräfte führen vom triebhaften Ich zum opferbereiten Wir, das einspringt für den Nächsten, wenn es sein Wohl verlangt.

Unterm Krummstab

Der 1. Oktober 1910 war für mich ein wichtiger Tag. Denn da mußte ich mich als neugebackener Hilfslehrer beim Herrn Distriktsschulinspektor, Pfarrer Hubbauer von Wegscheid, vorstellen. Und so wanderte ich nach dem Frühstück gleich zum Pfarrhof. Die Haushälterin Therese öffnete mir freundlich die Pforte und führte mich in den Arbeitsraum meines neuen Vorgesetzten. Es war ein nettes, helles Zimmerchen mit einem böhmischen Gewölbe und soliden Möbeln aus Ahnenbesitz. Dazu kamen noch ein paar gute Ölgemälde an der Wand, ein zierliches Pfeifenbrett, ein übervoller Bücherschrank und ein blitzblankes „Pianoforte". Ergänzt wurde das Ganze durch einen großen Kachelofen, der mollige Wärme spendete. Am Schreibtisch aber, auf einem roten Plüschkissen, saß Pfarrer Hubbauer, das Pfeifchen im Mund und so vergnügt lächelnd, als habe er mich schon erwartet. Er stand sofort auf, reichte mir die Hand und hieß mich Platz nehmen. Offenbar wollte er mir ein Kompliment machen, weil er sofort sagte, daß er aus meinen Personalpapieren ersehen habe, welch guter Musiker ich sei. Nach einer kurzen Unterhaltung über meinen künftigen Dienst fragte er mich, ob ich nicht Lust hätte, mit ihm zusammen vierhändig die Lustspielouvertüre von Keler Bela zu spielen. Weil ich diese schon oft und oft vorgetragen hatte, sagte ich gerne zu, übernahm auf seinen Wunsch den oberen Part, weil ihm selber der untere lieber war. Das nun folgende Spiel verlief ohne Pannen, geradezu glänzend. Als wir fertig waren, nahm mich mein Partner bei der Hand, lobte mein Können und sagte mit ein wenig Neugier in den Zügen: „Das ging ja ausgezeichnet! Weil ich Ihr musikalisches Können außerordentlich schätze, möchte ich Ihnen eine kleine Freude bereiten. Wollen Sie einen Nebenverdienst haben? Ich biete Ihnen 250 Mark im Jahr, wenn Sie den Organistendienst in unserer Kirche übernehmen. Dazu kriegen Sie außerdem noch vier Ster buchenes und einen Ster feichtenes Holz, damit Sie Ihr Wohnzimmer schön warm heizen können." Nun, ein solch günstiges Angebot erhielt man nicht alle Tage und so sagte ich begeistert zu. Denn der Staat zahlte damals ja nur einen

Hungerlohn, ganze 68,33 Mark im Monat. Mit der Aufbesserung durch Pfarrer Hubbauer war ich ja beinahe ein Krösus, der sich schier alles kaufen konnte. Freilich, mit dem Organistendienst war viel Arbeit verbunden, namentlich vor Weihnachten, wo mir in aller Frühe, bei den Rorateämtern beinahe immer die Finger erfroren. Aber sonst, beim normalen Gottesdienst, hatte ich andererseits eine unbändige Freude, wenn ich zwischen den Hauptgesängen frei präludieren durfte, so, wie es der Herrgott meinem Köpfchen eingab. Meinen Einfallsreichtum ergänzte ich häufig durch Opernmelodien, wobei ich mich der Hoffnung hingab, daß der zelebrierende Geistliche schon ein Auge zudrükken würde.

Noch ein zweites Mal kam ich zu ganz unerwarteten Einkünften, und zwar wiederum durch den lieben Pfarrer Hubbauer. Da lud er mich am Hl. Dreikönigsfest, mitten im Winter, ein, mit ihm zusammen den oberen Markt zu übernehmen, wenn es galt, mit dem Weihrauchfaß segnend alle Zimmer und Ställe der Einwohnerschaft zu durchschreiten, wobei mir die Aufgabe gestellt war, jeweils auf den Querbalken des Türrahmens die Buchstaben C + M + B zu schreiben. Ich versuchte mich davon zu drücken, weil mich das zu sehr an den Mesnerdienst erinnerte und sich nicht mit unseren Standesinteressen vereinbaren ließ. Aber der Pfarrer Hubbauer sagte nur: „Wie Sie wollen. Vergessen Sie jedoch nicht, daß es sich hier um einen uralten Brauch handelt. Sie werden die Bürgerschaft vor den Kopf stoßen, wenn Sie sich anders verhalten als Ihre Vorgänger!"

Zwiespältigen Herzens fügte ich mich dem Wunsch des Herrn Distriktsschulinspektors und bald darauf sah ich ein, daß ich recht tat. Niemand faßte mein Tun als Herabwürdigung auf. Die Leute waren sehr freundlich, fast in jedem dritten Haus gab es für uns eine kleine Brotzeit oder eine Maß Bier. Und wenn wir gingen, steckte man uns einen Briefumschlag zu, der Geld enthielt, welches dann am Abend in Pfarrer Hubbauers Amtszimmer mit jenem vom unteren Markt, eingebracht durch den Kooperator und Oberlehrer Klein, zusammengelegt und durch vier geteilt wurde, wobei das für mich einen Betrag von 125 Mark ergab, genau soviel wie auch Pfarrer Hubbauer erhielt.

Auf diese Weise reich geworden und mich wie ein kleiner Krösus fühlend, ließ ich mir sofort vom Modehaus Klein in Passau einen dunkelblauen Zweireiher anfertigen, der 40 Mark kostete. Dazu kamen ferner ein Paar hübsche, braune Halbschuhe, für die ich 9 Mark zahlte und ein hochmoderner Westengürtel.

Ein Erlebnis ganz besonderer Art waren die Schlittenfahrten nach dem an der böhmischen Grenze liegenden Prämonstratenserkloster Schlägl, die sogenannten Schlittagen. Und wieder war es Pfarrer Hubbauer, der mich einlud, in sein Gefährt einzusteigen. Wunderschön, wenn da 15 bis 20 Schlitten voll gefüllt mit Wegscheider Prominenz, Richtung Kollerschlag über die Grenze fuhren, darunter der Herr Distriktsschulinspektor, der Herr Bezirksamtmann, der Herr Amtsrichter, der Herr Bezirksarzt, der Leiter des Zollamtes, der Herr Landtagsabgeordnete Schramm und noch viele andere. Im Schlägler Refektorium gab es dann immer einen großartigen Empfang der bayerischen Gäste durch den Herrn Abt und ein mustergültiges Abendessen an weißgedeckten Tischen, alles in feierlichem Kerzenschein, wobei namentlich der Rotwein ausgezeichnet schmeckte. Wenn dann der Herr Abt um Mitternacht zu Bette ging, weil er am frühen Morgen schon wieder die Messe zelebrieren wollte, traten auch wir die Heimreise an. Über uns ein schwarzsamtener Himmel, darin Millionen ferner Sterne leuchteten. Ringsum die Einsamkeit des tiefverschneiten Tanns.

Auf eisigem Harsch knirschten die Schlittenkufen. Peitschenknall und das Silbergeklingel des Pferdegeschirrs..., es war ein Erlebnis seltenster Art, eine Herzensandacht im riesigen Dom der Mutter Natur. Die Beine im Fußsack aus dickem Fuchsfell, die Wangen geheizt von der Wärme des eigenen Atems, so träumte jeder von einem Märchen.

Aber nicht alle Lebewesen hatten es so schön wie wir. Da unten, im Jungholz kauerte vielleicht ein halberfrorenes Reh. Etwas weiter im Hintergrund duckte sich möglicherweise eine halbverhungerte Häsin unter eine Schneewächte, standen irgendwo versteckt ein paar Pascher, vor Kälte zähneklappernd, die nun ihr gefährliches Geschäft nicht mehr abzuwickeln vermochten, weil sie sich in der Nachtschwärze verirrt hatten. Der kommende

Morgen aber fand mich schon wieder in der vertrauten Schulstube mit ihren hundertdreißig Buben, die das Einmaleins herunterplapperten oder ein Aufsätzchen schreiben mußten, wobei sie ausschließlich die gute alte Schiefertafel benutzten.

Zwei Jahre war ich unter der Aufsicht Pfarrer Hubbauers in Wegscheid glücklich. Ein Schöngeist, ein Diplomat und Menschenfreund, hatte er die Münchener Universität besucht. Die Alma mater und die Münchener Luft ließen ihm Zeit genug, ein wenig über die Kirchenväter hinauszudenken, ihm galt die Humanität mehr als ein Dogma, ihm gefiel ein ehrlicher armer Teufel mehr, als ein Hohlkopf aus der Rangliste. Schade, daß er frühzeitig starb.

Ja, das war alles 1910 geschehen. Als ich dann, vierzig Jahre später, inzwischen zum Oberstadtschulrat von Straubing ernannt, ein Lüstchen verspürte, zu wissen, wie mich Pfarrer Hubbauer dienstlich beurteilt hatte, holte ich meinen Personalakt herbei. Ich war höchst zufrieden mit dem Text des Qualifikationsberichtes. Aber ich wäre vor Lachen beinahe erstickt, als er dem großen Lob doch auch ein Restchen Erdenschwere anfügen zu müssen glaubte, indem er am Schluß seines Berichtes schrieb: „Oberneder ist aber auch ein begabter Musiker. Nur spielt er mir während des Gottesdienstes auch profane Musik, zum Beispiel den Pilgerchor aus dem Thannhäuser."

Schade um diesen prächtigen Mann! In unserer Wohlstandsgesellschaft ist dieser Menschentyp höchst selten geworden, wenn nicht ganz ausgestorben.

Revolutionäre Ideen

Mein Herr Distriktsschulinspektor, Pfarrer Hubbauer, war ein selten guter, verständnisvoller Mann, wie man sich keinen besseren wünschen konnte. Leider provozierte ich einmal sein Stirnrunzeln durch ein Referat, das ich im Bayerischen Lehrerverein gehalten hatte. Darin verlangte ich in jugendlicher Unbeschwertheit mehr Freiheit für die heranwachsende junge Generation. Mein Kopf war noch völlig beeinflußt von den Ideen Rousseaus, der ja, wie bekannt, eine nicht unwichtige Rolle in der Geschichte der Pädagogik spielt. Und so führte ich über das Kapitel Erziehung folgendes aus:

„Erziehung ist der wohldurchdachte Angriff auf Lebewesen, die sich sonst nach eigenem Geschmack entwickeln würden. Ein jahrtausendealtes Denken sammelte Erfahrung, die, in Bibeltexten, Morallehren und Sittengesetzen niedergeschrieben, der Jugend aufgenötigt wird. Dann treten die Wildbäche nicht mehr über die Ufer. Tun sie es dennoch, dann droht ihnen der Zeigefinger der Mutter, der Stock des Pädagogen oder der Staatsanwalt. Erziehung? Das ist eine Verschwörung gegen den Lebenswillen der kommenden Generation. Keime wachsen nur mehr in der Zone des Argwohns. Freiheit, das ist dann nur noch ein Göttergeschenk unter Vorzensur. Wir sind verstrickt in eine Klugheit, die nicht mehr weiter weiß und zwingen sie dem Nachfolger auf. Erziehung ist Furcht vor dem Juniorpartner, Notwehr gegen den kommenden Stärkeren. Das Experiment an Pflanzen beweist nichts. Wenn einmal eine bestimmte Weizensorte, ein interessanter Apfeltyp oder die in Einheitstuch gekleidete Folgsamkeit die Erde erobert hat, stirbt die Buntheit, der Reiz des Lebens. Die Schöpfung entzückt uns durch Gegensätze, durch Vielerlei und Eigenwillen. Wir bewundern die Stille des Meeres und das Feuer der Vulkane, das Paradies der Südsee und das stille Licht der Polarnacht, den Reichtum der Tier- und Pflanzenwelt. Nur für das Herrentier Mensch hält die Überlieferung eine Zwangsjacke bereit. Wir brauchen, sagt der versteinerte Staat, fleißige Bauern, tapfere Soldaten, willige Steuerzahler, tüchtige Ehemänner,

Frauen, die nur den Herd und Sekretäre, die nur ihre Akten kennen..., Lakaien, Lakeien. Daß die Welt nur ein paar Könige, aber Millionen Knechte trägt, die deren Geld nicht antasten, ist die Sorge des lebenden Geschlechts. Das mag nützlich sein. Aber mit der Humanität haben diese Beweggründe nichts zu tun. Das Leben wird altbacken, wenn es keine Heiligen, Lustmörder, Komödianten und Napoleone mehr gibt, dafür aber lauter dicke Bäuche und Feldwebel, die in der Gewohnheit alles, in goldener Freiheit nichts mehr sehen."

Woher ich das alles zusammengelesen habe, ich weiß es heute nimmer, aber es fazinierte mich und ich trug es als pädagogisches Küken meinen Kollegen vom Bayerischen Lehrerverein vor. Und ich war stolz auf diesen Unsinn, den ich heute keineswegs mehr vertreten würde, weil mich die Erfahrung eines langen Lebens eines Besseren belehrte.

Der Zufall wollte es, daß Pfarrer Hubbauer durch einen Zeitungsbericht Kenntnis von meinen Ausführungen erhielt. Vom Standpunkt des Dienstvorgesetzten mußte er mich eigentlich vernehmen. Er wählte dazu die Form eines gemeinsamen Spazierganges mit mir. Zuerst kam er auf die Verhältnisse des Jahres 1789 zu sprechen, auf die Revolution der französischen Bürger. Bei der Debatte gab es beinahe heiße Köpfe und unterschiedliche Meinungen genug. Ich verteidigte dabei die Freiheit der menschlichen Gesellschaft, er aber setzte sich für die Führung durch den Staat und die Mission der Kirche ein. Da war aber beim besten Willen keine Mittellinie, kein tragbarer Kompromiß zu erreichen. Trotzdem widerlegte mich der Herr Distriktsschulinspektor schneller als ich dachte, indem er sagte:

„Na, Herr Marzell, wie würden Sie sich verhalten, wenn etwa Ihr eigenes Kind einem Lustmörder zum Opfer fiele? Solch einen Kerl wollen Sie doch nicht verteidigen? Hinter Ihren Worten stand doch nicht Ihr Herz? Bis jetzt habe ich Sie bei allem, was sie sagten und schrieben, von einer ganz anderen Seite kennen gelernt. Stimmt das? Habe ich nicht recht, Herr Marzell?"

Was hätte bei so viel Güte des Vorgesetzten ein noch weiter zu spinnendes Kampfgespräch genützt? Ich mußte ihm recht geben und tat das auch ohne Vorbehalt. Herr Hubbauer hätte eigentlich ein Verfahren gegen mich einleiten müssen. Er vermied es, und dafür bin ich ihm noch heute dankbar. Wir gaben uns lachend die Hand und kehrten beim Wirt in Wildenranna ein. Und weil ich ihm eine Freude machen wollte, weil er die für mich peinliche Frage in solch wohlmeinender Form erledigte, schlug ich ihm bei unserer Rückkehr nach Wegscheid vor, in seinem reizenden Arbeitszimmer auf dem Klavier vierhändig die Lustspielouvertüre von Keler Bela zu spielen. Wir brachten sie in hinreißendem Tempo zu Gehör, daß die Haushälterin Theres nur so schaute. Und Meinungsverschiedenheiten gab es künftig nicht mehr, so gut verstanden wir uns.

Schöne Tage an der Rott

Nach zweijähriger Tätigkeit in Wegscheid versetzte mich die Regierung von Niederbayern aus dienstlichen Gründen nach Eggenfelden. Das war ein aufstrebender Markt im Rottal, der beste wirtschaftliche Beziehungen zu den reichen Vierseithöfen im Umkreis unterhielt und ein erstaunlich gutes Kulturleben pflegte. Bürgermeister Forster führte in der Mitte des Hauptplatzes eine renommierte Konditorei, verbunden mit einem kleinen, noblen Café. Außerdem gehörte er als Mitglied dem Bayerischen Landtag an. Er war ein Mensch, dem man schon vertrauen durfte, einer, der gern meinen Wünschen nachkam, soweit das überhaupt ging. Das Gleiche galt für meinen Schulleiter, Oberlehrer Berngehrer und den Lokalschulinspektor Pfarrer Köstlbacher. Von dem Distriktsschulinspektor Hann in Gern, einem kleinen, buckeligen Männlein, hörte man nichts Gutes. Er hatte zwar immer ein verbindliches Lächeln in den Gesichtszügen, aber auch Haare auf den Zähnen. Mit ihm war nicht gut Kirschen essen.

Gar bald hatte ich Fühlung mit dem Gesangsverein, namentlich auch mit dem Studienrat Alexander Uri, der in München Sprachen lehrte und jeden Samstag zu seinen Eltern heimkam. Sein Vater besaß eine große Buchdruckerei, gegenüber der Konditorei Forster. Zu unserem Freundeskreis gehörte auch noch der Amtsrichter Freiherr Tänzl auf Trazberg, ein vorzüglicher Bariton. Mit einer wahren Begeisterung sang er „Die Uhr" von Karl Loewe, der gerade, wie Edvard Grieg, in Deutschland große Mode war. Aber auch die Lieder von Richard Strauß, von Hugo Wolf und anderen beherrschte er meisterhaft. Baron Tänzl hatte es dabei sicher nicht leicht. Denn er war nahezu blind und trug eine Brille mit superdikken Gläsern. Oft und oft saßen wir drei in Uris Wohnzimmer, spielten am Klavier, sangen Terzette und lauschten Löweballaden, auch solchen, die aus einem riesigen Trichtergrammophon kamen.

Meine Schulklasse war bei weitem nicht so groß wie jene von Wegscheid. Es dürften durchschnittlich sechzig Knaben gewesen sein. Ich arbeitete unermüdlich in ihr, schon weil ich den Herrn Distriktsschulinspektor irgendwie fürchtete. Sonst aber genoß ich mein Leben mit vollen Zügen. Es ging mir ja finanziell nicht schlecht. Wie in Wegscheid hatte ich auch in Eggenfelden Einkünfte aus dem Organistendienst und nahm Geld durch Erteilung von Klavierunterricht ein. Und so fuhr ich fast an jedem freien Tag mit dem Fahrrad über Altötting an den Chiemsee, nach Salzburg oder Passau, oder ich benutzte die Gelegenheit, mit der Eisenbahn nach München zu kommen, um mir im Prinzregent-Theater den Parsival anzuhören. Eine verbilligte Eintrittskarte des Richard-Wagner-Festspielvereins bot mir die Möglichkeit dazu. Herzlich lachen mußte ich einmal, als mir mein Sangesbruder und Vorstand der Liedertafel Eggenfelden, Freiherr Falkner von Sonnenburg, mein Monatsgehalt persönlich überreichte, in einer mit blauem Samt ausgeschlagenen Schatulle. In ihr lagen drei goldene Zwanzigmarkstücke, dazu der Rest in Höhe von 8,33 in Kleingeld. Nun, das war ein Lohn, zum Leben zu wenig, zum Sterben zu viel. So dachte sicher auch Freiherr Falkner auf Sonnenburg und lächelte dabei etwas hilflos, so, als ob er Mitleid hätte. Trotzdem, in Anbetracht meiner Nebeneinkünfte konnte ich mir das Leben schon sehr viel schöner machen. Inzwischen hatte ich mir beim Schreinermeister Perl an der Hauptstraße nach Altötting einen Schreibtisch machen lassen, der 28 Mark kostete, dazu noch eine neue Bettlade, für die er das Gleiche verlangte. Über meinem Schreibtisch prangte die Büste Richard Wagners, in Gips geformt und auf der Auer Dult in München erworben. Dazu kam noch ein ovaler Rahmen mit dem Farbdruck einer germanischen Walküre, die gerade einen Pferdekopf streichelte. Das Glanzstück meiner gemütlichen Bude aber war ein neues Klavier, das ich vom Pianohaus Wild in Regensburg erworben hatte. Dabei mußte ich 150 Mark anzahlen, den Rest hatte ich innerhalb von zwei Jahren in Raten abzustottern. Ich war unbändig stolz auf meine neueste Errungenschaft. Jetzt konnte ich auf meiner vornehmen Bude auch Gäste empfangen, zum Beispiel den Alexander Uri und den Baron Tänzl auf Trazberg.

Einen Schwarm hatte ich auch noch, das dunkeläugige Marerl, eine Konzertpianistin aus München, die häufig zu ihrem Onkel in Eggenfelden auf Besuch kam, zu einem gutmütigen Bahnhofre-

Im Hilfslehrerzimmer des Knabenschulhauses Eggenfelden

staurateur. Das Marerl hielt sehr viel auf gute Sitte, so daß es zwischen uns beiden nur zu einer platonischen Liebe, nie aber zu unerlaubten Zärtlichkeiten kam.

Draußen in der weiten Welt freilich zogen sich schwarze Wolken zusammen. Die Franzosen wollten Elsaß-Lothringen wieder haben, die Briten verargten es Kaiser Wilhelm II., daß er eine große Flotte aufbaute, weil er glaubte, unsere Zukunft läge auf dem Wasser. Schließlich kam der Mord von Sarajevo, der dem österreichischen Thronfolger das Leben kostete. Deutschland erlebte einen maßlosen Patriotismus und Hunderttausende jubelten, als man sie in die Schützengräben schickte. Ich selber bekam eine Gänsehaut, wenn ich jeweils die Siegesmeldungen las. In kürzester Zeit aber hatte auch ich meinen Gestellungsbefehl in Händen, und am 1. Oktober 1914 rückte ich in das Rekrutendepot München-Dom-Pedro-Schule ein. Herausgerissen aus meiner Schulstube, aus einem vergnügten Leben, hieß es jetzt dem Gott Mars dienen. Mein Gehalt lief nicht mehr weiter, denn ich hatte ja mein „Einjährigenjahr" noch nicht abgedient. Jetzt mußte ich mich mit dem Wehrsold begnügen, mit etwa 33 Mark im Monat, wie die übrigen Rekruten auch. Aber ich gab den Mut nicht auf. Und bald mischte sich mein Schutzengel ein.

Kasernenhofzauber

Der Erste Weltkrieg dauerte schon ein Vierteljahr. Da holten sie auch mich, wie schon erwähnt, aus meiner Schulstube in Eggenfelden an der Rott zu den Waffen, am 1. Oktober 1914. Die Fahrt vom Rottal in die Landeshauptstadt kostete nichts, hatte ich doch meinen amtlichen Gestellungsbefehl in der Tasche. Aber der Weg vom Münchener Ostbahnhof bis zum Rekrutendepot Dom Petro-Schule war unendlich weit, wenn man ihn, beladen mit vollem Reisegepäck, als Fußgänger zurücklegen mußte. Gar mancher hätte gern den dreifachen Fahrpreis für die Trambahn ausgegeben.

Nun, im Rekrutendepot Dom Pedro-Schule bekamen wir schon einen gewissen Vorgeschmack unserer künftigen kriegerischen Tätigkeit. Ein paar Wochen später aber wurden wir vom 18. Bayerischen Reserve-Regiment übernommen und in die Luisenschule, nahe dem heutigen Königsplatz verlegt, nahmen zu je dreißig Quartier in den einzelnen Klassenzimmern, gebettet auf Strohbüschel. Zu essen gab es genügend, freilich meist nur einen nüchternen Eintopf oder Gulaschsuppe, dazu den Kommißlaib. Aber das Leben in der Drillichmontur, das viele Exerzieren im Pausehof der Schule, die gellenden Kommandorufe der Dienstvorgesetzten, namentlich der unteren, paßten mir keineswegs. Denn ich bin Individualist und hasse den Massenbetrieb. Der uns beaufsichtigende Unteroffizier hatte offensichtlich sadistische Neigungen. Er lächelte zwar oft, als erfülle ihn der Kriegsdienst mit besonderer Freude. Aber es gelüstete ihn, seine Befehlsbefugnis speziell dadurch zu beweisen, daß er uns seine Kommißstiefel oft fünfmal hintereinander putzen ließ, und zwar gerade von uns paar Einjährigfreiwilligen, denen er die in Friedenszeiten übliche Behandlung mißgönnte. Damit wir aber nicht zu wenig Arbeit hatten, beschmutzte er seine Stiefel immer wieder erneut, draußen im Pausehof. Vielleicht wollte er gerade an uns sogenannten Gebildeten eine kleine Wut auslassen. Der Kompaniefeldwebel gab sich nicht viel besser. Nur der Kompaniechef selbst, der Hauptmann Klostermeier war allen sympathisch. Als Reserveoffizier, im Antlitz einen ziemlichen Vollbart, leistete er jetzt dem Vaterland gern Dienst. Sonst aber stand er als Oberregierungsrat einem großen Zollamt vor. Klostermeier stellte eine Vaterfigur dar, die sich um uns nach besten Kräften kümmerte.

Ich empfand den Dienst in der Kaserne als sehr anstrengend. Wenn wir da in der Woche ein paarmal mit schwerbeladenem Tornister frühmorgens nach Freimann marschieren mußten, gute zwei Stunden, war ich völlig erledigt. Aber in Freimann ging dann die Plackerei erst richtig los. Denn jetzt brachte man uns das Exerzieren im Prestissimo bei. Hinlegen, aufstehen, hinlegen, ausschwärmen, aufstehen, all das in einem atemraubendem Tempo, wobei der Zugführer die meiste Freude daran hatte, wenn er uns durch Regenpfützen oder dicken Schlamm kriechen lassen konnte. Gab es aber Schießunterricht, dann taugte ich gleich gar nichts. Denn ich litt an irregulärem Astigmatismus und konnte Ziele über achthundert Meter, etwa einen Menschenkopf am Boden, überhaupt nicht mehr erkennen. In solch einer Situation fühlte ich mich zutiefst unglücklich, begriff, warum ich keine Sehnsucht nach irgendeiner Kaserne empfand. Ich vertrug das Kasernenmilieu einfach nicht, den ewigen Drill, den steten Gehorsam und den sinnlosen Paradeschritt, der den Menschen zur Maschine machte.

Besonders peinlich empfand ich, als ich mit meinem Freund Xaverl, dem Sohn des Brunnerwirts in der Straubinger Seminargasse, auf einem großen Vierräderkarren Wolldecken in die zur Kaserne umgestaltete Luisenschule transportieren mußte. Wir trugen eine ganz unmögliche Uniform mit weißen, viel zu kurzen Drillichhosen, einen schäbigen, engen Waffenrock und eine knappe Mütze ohne Schirm. Damit mich niemand erkannte, schaute ich meist auf den Boden. Aber gerade als wir über den Marienplatz fuhren, beim Beck am Rathauseck, kam das Marerl daher, mein Schwarm, jene Münchener Konzertpianistin, die ich von Eggenfelden her kannte, ausgerechnet das Marerl, das mich sofort ansprach und vor dem ich mich wegen meines scheußlichen Aufzugs zutiefst schämte. Ich merkte die Verwunderung an Marerls erstaunten Augen. Aber das Marerl war tapfer, es ging

Rekrut Marzell Oberneder (rechts)
und Rekrut Xaver Brunner von Straubing
Oktober 1914

sofort auf mich zu und fragte, mir die Hand reichend, ob es nicht helfen, am Karren mitziehen dürfe. Es dauerte lang, bis ich meinen Schwarm von dem Gedanken abbrachte, indem ich sagte, daß an militärischen Transporten niemals zivile Hilfe geleistet werden dürfe. Und weil nichts anderes übrig blieb, verabschiedete sich das nette Kind mit dem Bemerken: „Armer Teufel! Tust mir wirklich leid. Aber in acht Tagen gehen wir miteinander ins Hoftheater. Da schauen wir uns die Oper „Aida“ von Verdi an. Vielleicht gibt dir dein Kammerunteroffizier wenigstens eine bessere Hose!“

Nun, die Woche verlief wie alle ihre Vorgänger. Aber gerade bei der Aida-Aufführung im Hoftheater gab es dann eine fürchterliche Blamage, an der ich leider selbst die Schuld trug. Ich freute mich wie ein kleines Kind auf die göttliche Musik des großen italienischen Meisters. Zudem trug ich eine anständige feldgraue Hose, einen gutsitzenden Waffenrock und eine passende Mütze, letztere freilich wieder ohne Schirm, der ja dem Soldaten erst Ansehen verleiht. Der Herr Kompanieführer Klostermeier bewilligte mir zudem Urlaub bis Mitternacht. Das Marerl aber hatte die Karten besorgt, 6 Mark das Stück, Mitte zweiter Reihe Parterre. Und dann räkelten wir uns vergnügt auf unserem Platz, das Marerl besonders gern, denn es trug ja ein wunderschönes Seidenkleid. Auf einmal sagte es:

„Warum nimmst du deine Mütze nicht ab?“

„Man darf sie nicht abnehmen, hat man uns in der Kaserne gelernt, auch wenn man im Innern eines Hauses ist“, erwiderte ich. „Aber da sitzen ja, schräg vor uns, in der ersten Reihe, gleich zwei Offiziere, die ihre Mütze offenbar in der Garderobe abgegeben haben“, meinte das Marerl, und ich merkte ihm an, daß es mich fescher haben wollte als mit diesem blöden Deckel auf dem Kopf. Nun, ich wußte darauf keine Antwort zu geben. Aber in dem gleichen Augenblick nahm gerade hinter uns ein Major Platz. Mit zornrotem Gesicht forderte er mich auf, sofort die Mütze abzunehmen. Es sei eine Ungezogenheit ersten Ranges, sagte er, wenn ich die Mütze aufbehalte, ausgerechnet im Hoftheater, wo doch jederzeit eine königliche Hoheit eintreten könne. Und da wollte er wissen, wie ich ungehobelter Rekrut überhaupt zu einem solchen

Platz gekommen sei, im königlichen Opernhaus! Zuletzt forderte er mich auf, sofort zu verschwinden. Natürlich machte ich mich so schnell wie möglich aus dem Staub. Das Marerl wollte noch Einspruch erheben. Aber als es meine Eile merkte, räumte auch es den Platz.

Das hatten wir also von der Aida. Als wir wieder im Freien waren, hätten wir am liebsten geweint. Aber plötzlich lachten wir von ganzem Herzen, weil ich mich, eine Dienstvorschrift mißverstehend, so stockhageldumm benommen hatte. Dann besuchten wir ein Café in der Nähe und ließen uns den Mokka doppelt gut schmecken.

Freilich, am nächsten Tag hatte mich schon wieder Gott Mars in seinen Fängen, schleppte ich wieder meinen schweren Muckel nach Freimann.

Aber am Abend, kurz ehe wir uns auf das Stroh zum Schlafen legten, kam der Kompaniechef Klostermeier in die Stube und fragte mit väterlicher Stimme: „Ist da einer unter euch, der skifahren kann?" Mir gab es gleich einen Riß, denn das Schneeschuhlaufen hatte ich ja schon in Wegscheid, drin an der böhmischen Grenze, gelernt. Natürlich meldete ich mich sofort. Und als mir dann der Kompaniefeldwebel, unser Spieß, eröffnete, daß ich ab morgen zum Schneeschuhbataillon — es wurde in einer Schule nahe der Theresienwiese aufgestellt — versetzt sei, da hätte man mir auch mit einer Million keine größere Freude machen können. Denn ich glaubte, künftig mehr Freiheit und weniger Drill erwarten zu dürfen, eine Atmosphäre, geprägt vom Sportgeist. Und deshalb hätte ich jetzt am liebsten den braven Bilderbuchsoldaten, Hauptmann Klostermeier, mit beiden Händen gestreichelt.

In den Vogesen

Kein Mensch kann sich vorstellen, wie froh ich über meine Versetzung zum neu aufgestellten Schneeschuhbataillon München war. Bis jetzt in der Luisenschule der leidige Drill in uralten Uniformen, jetzt aber der viel freiere Umgang mit Sportmenschen, in einer Atmosphäre also, darin zahlreiche Studenten der Münchner Universität sozusagen den Ton angaben. Als ich mich beim neuen „Spieß“ melden wollte, empfing mich sehr freundlich ein gewisser Leutnant Lizius. Er bot mir gleich Platz an und sagte, daß ich die nächsten zwei, drei Wochen bei Verwandten oder im Gasthaus wohnen und essen könne, wenn mir das lieber sei. Außerdem bekäme ich in einem solchen Fall noch ein Tagegeld von sechs Mark. Natürlich sagte ich zu, weil ich in der Landeshauptstadt zahlreiche Verwandte, darunter meine verheiratete Schwester Julia hatte. Dann führte mich Lizius in die Kammer, wo mir ein Unteroffizier die neue Uniform verpaßte, einen eleganten hellgrünen Waffenrock mit noblen Kragenspiegeln, die gleichfarbene Überfallhose, ferner herrliche hellbraune Sportstiefel und die notwendige Leibwäsche. Gekrönt wurde das Ganze durch eine Skimütze nach österreichischem Geschmack. Es war die neueste Kreation des Gottes Mars. Wer nicht genau hinschaute, konnte mich für einen Offizier halten. Froh darüber, wollte ich mich am nächsten Morgen meinen Kameraden von der Luisenschule zeigen. Darum stand ich schon um 6 Uhr früh vor ihrem Tor, durch das die armen Teufel ihren schweren Muckel nach wie vor bis nach Freimann schleppten. Ich merkte es ihren Augen an, wie sehr sie mich um meine nagelneue Uniform beneideten. Nur der Unteroffizier, der uns so oft gehunzt hatte, warf mir einen mißgünstigen Blick zu. Ja, ich war restlos zufrieden, genoß die nächsten zwei Wochen wie einen wohlverdienten Urlaub. Der bald darauf einsetzende Dienstbetrieb machte mir keinerlei Schwierigkeiten. Besonders gut gefielen mir die praktischen Fahrübungen am Spitzingsee oder an der Rotwand, wo wir auch das Schießen im Stehen, Knieen und Liegen lernten. Einquartiert waren wir in einem Hotel nicht weit von Schliersee. Eine besondere Freundschaft verband mich mit meinem Zimmergenossen Lang aus Oberammergau, der immer wieder davon träumte, daß er einst, wie sein Vater auch, die Christusrolle bei den Festspielen übertragen erhalte.

Dann aber war es auf einmal soweit, daß man uns in die Eisenbahnwagen verlud und mitten im Winter in die Vogesen brachte, wo wir in den Bergen zwischen Colmar und Gebweiler Stellung bezogen. Unser Schneeschuhbataillon zählte zur Armeeabteilung Gaede. An der Front herrschte eine bemerkenswerte Ruhe. Recht viel Kanonendonner hörten wir nicht. Es gab wenig Feindberührung mit den uns gegenüberliegenden französischen Alpenjägern. Umso mehr Freude bereitete uns die herrliche, tiefverschneite Landschaft mit den nicht allzu schroffen Bergen und den Rauhreifwäldern. Sie lagen alle in unserem Blickfeld, der Hilsenfirst, der Hartmannsweiler Kopf und viele, viele andere. Wenn das alles so blieb, hatten wir es tausendmal schöner als Kameraden, die in der Hölle von Verdun verbluteten oder in den Eiswüsten Rußlands erfroren. Aber da kam eines Tages eine Ärztekommission und untersuchte uns ganz genau, ob wir den vermehrten Anstrengungen eines Kriegsdienstes auch im Bergland gewachsen seien. Jeder andere hätte sich über so viel Rücksichtsnahme der Heeresleitung gefreut. Mir aber paßte die ganze Sache nicht im mindesten in meinen Kram. Denn diese Kommission stellte bei mir leider fest, daß mein Herz nicht in Ordnung sei, ja, sie wunderte sich, daß ich bei der Musterung in der Heimat überhaupt genommen worden war, noch dazu, nachdem ich einen Knick im Aortabogen und ein ganz schlechtes Sehvermögen habe. Anschließend überließ man mir die Entscheidung: Krieg im Innendienst oder Rückkehr in die Heimat. Nun, ich wählte Krieg im Innendienst, weil ich einfach „dabei sein“ wollte und weil ich überzeugt war, daß mich in der Heimat die dreifache Arbeit in überfüllten oder zusammengelegten Klassen erwarten würde. Und nun versetzte man mich zum Stab der 8. Bayer. Reserve-Division, der im Fechttal unweit von Colmar lag, in Hammerschmiede, und von Generalleutnant Freiherr von Stein kommandiert wurde. Anfangs verspürte ich viel Heimweh nach meinen Kameraden vom Schneeschuhbataillon. Schließlich bereute ich den Wechsel aber doch nicht. Denn bald sah ich ein, daß sich mir auf dem neuen Posten ganz andere Möglichkeiten und Chancen boten. Und ich hatte Glück.

In Hammerschmiede wurde ich dem Intendanturrat Faber zugeteilt, einem klugen und freundlichen Menschen im Rang eines Oberstleutnants. Bei ihm mußte ich unter Aufsicht von Oberzahlmeistern die monatlichen Abrechnungen der Truppenteile prüfen, speziell jene des Proviantamtes.

Eine sehr interessante Periode des kriegerischen Geschehens stand mir freilich noch bevor. Es war im Sommer 1915, als unsere Division plötzlich an die Ostfront versetzt wurde. Da ging es während einer langen Eisenbahnfahrt über Breslau und Lemberg nach Przemysl in Galizien, in eine reizlose Sandwüste also, in der sich mein bajuwarisches Naturell nicht besonders glücklich fühlte. Leider hieß es da oft und oft biwakieren, was uns nicht recht lieb war. Nur ein paar Tage fanden wir einmal Unterkunft bei einem jüdischen Metzger. Aber als wir sahen, welch riesiger Schwarm von Schmeißfliegen sich auf den im Türrahmen aufgehängten Fleischteilen sammelten, verging uns der Appetit genauso wie der Schlaf auf Mutter Erde, namentlich wenn dort ein unerträglicher Verwesungsgeruch herrschte oder gar der Arm, der Fuß eines Gefallenen aus dem Sandboden ragte, der notdürftig eingescharrt wurde und uns beim Erwachen am nächsten Tag schreckte. So etwas konnte man oft und oft anläßlich der großen Durchbruchsschlacht von Lubastschov erleben, in der die Russen siegten, weil tschechische Deserteure zu ihnen regimenterweise überliefen. Unser Rückzug war sehr beschwerlich. Immerhin vollzog er sich ordentlich. Der Marschweg lief den San entlang, in dem Aberhunderte von Toten schwammen. Zudem herrschte eine Bruthitze, so daß uns ein entsetzlicher Durst quälte. Alle Brunnen waren verseucht. Plakate warnten, sie zu benützen, weil sich Pferdekadaver darin befänden. An einem einzigen Tage mußte ich, schwer bepackt, 68 km zurücklegen, unter meinem Tornister schnaufend. Kurz vor Przemysl bemerkte ich einen solchen Brunnen, aus dessen Rohr ein Wässerlein plätscherte. Ohne auf die Warntafel zu achten, trank ich davon, bis ich umfiel und einzuschlafen begann,

Schütze Marzell Oberneder als Angehöriger des Bayer. Schneeschuh-Bataillons

wie tot dalag. Gott sei Dank weckten mich die letzten vor den Russen flüchtenden Kameraden auf und schleppten mich in das uns rettende Przemysl. Erwähnt sei, daß sich all unsere Generalstabsoffiziere mustergültig verhielten und selbst die stärksten Strapazen mutig wie ihre Untergebenen ertrugen, so etwa der Hauptmann Pfannenstiel von den Freisinger Jägern, ferner der Kommandant des Divisionsstabsquartiers, der sonst im Zivilleben als „Hutmacher am Dom“ in München fungierte und mich gerne als höchst unbeholfenen Dolmetscher benützte, nur weil ich hie und da ein paar polnische Brocken aufgeschnappt hatte. Es gehörte aber auch dazu der Ia der Division, Oberst Kriebel, und selbstverständlich auch der General Freiherr von Stein.

Wir waren nicht allzulange in Galizien. Dann holte man uns wieder in die Vogesen. In Tschenstochau wurden wir erst einmal gründlich entlaust, und dann quartierte man uns wieder in den Vogesen ein. Freiherr von Stein nahm erneut seinen Sitz in Hammerschmiede, dessen herrlicher Park es ihm angetan hatte und wo er jeden Tag die Arbeit mit einem gesunden Morgenritt begann. Auch ich erhielt wieder meine alte Beschäftigung, avancierte aber jetzt schnell zum Vizefeldwebel. Und dann kam der große Augenblick, wo ich zum Proviantamtsinspektor befördert wurde mit dem Amtssitz in „Drei Ähren“, hoch über der Rheinebene und nicht allzuweit von Colmar. Nun durfte ich eine ganze Division verpflegen und erhielt all das, was ich brauchte, vom Zentraldepot Straßburg. Zu diesem Zweck beschlagnahmte ich das Hotel „Drei Ähren“, wählte mir darin ein nettes Schlaf- und ein Arbeitszimmer aus, sowie Schlafräume für die mir zugeteilten Soldaten. Das gesamte Erdgeschoß, die umfangreichen Kelleranlagen und ein großer Teil der Wirtschaftsgebäude aber bargen, zweckmäßig und übersichtlich geordnet, den gesamten Verpflegungsbedarf der Truppe. Mein „Feldmagazin“, wie es offiziell hieß, konnte sich schon sehen lassen. Ich fühlte mich überglücklich. Denn jetzt hatte ich einen Aufgabenkreis, in dem ich zeigen konnte, daß ein junger, aus Niederbayern stammender Schulmeister auch noch zu etwas anderem fähig war, als die kleinen ABC-Schützen mit der Fibel oder dem Einmaleins zu belästigen.

Die Limonadenfabrik

Generalleutnant Freiherr von Stein war ein ernster, aber sehr fortschrittlich denkender Offizier, unter dem es die Angehörigen der 8. Bayerischen Reserve-Division sicher nicht schlecht hatten. Einmal fragte er mich, als er mein Feldmagazin besichtigt und in Ordnung befunden hatte, ob ich nicht für die ihm unterstellte Truppe eine Limonadenfabrik einrichten könne. Obwohl ich als zum Wehrdienst eingezogener Schulmeister keine Ahnung vom Tuten und Blasen hatte, nahm ich sofort Haltung an und sagte:

„Zu Befehl, Exzellenz, das läßt sich ohne größere Schwierigkeiten durchführen."

Ich gab diese Zusage vorschnell, ja etwas leichtfertig ab. Aber ich wußte zu gut, daß man sich beim Militär keine Schwäche anmerken lassen durfte, weil man sonst schon verspielt hat.

„Diese Limonadenfabrik müßte eine Tagesleistung von 30.000 Flaschen haben, pro Kopf und Tag eine Flasche", meinte der General. Und darauf erwiderte ich:

„Zu Befehl, Exzellenz. Ich brauche dazu nur den passenden Standort und die notwendigen Arbeitskräfte."

Und wieder stiegen mir Zweifel auf. Aber ich rechnete mit dem Glück, das besonders gern dem Mutigen, oftmals auch dem Frechen, zu Hilfe kommt.

„Wie lange würden Sie zur Fertigstellung brauchen?" fragte Freiherr von Stein.

„Vier Wochen, Exzellenz", antwortete ich.

„Nun, fangen Sie sofort an und melden Sie mir jeweils den Fortgang der Arbeiten!" Mit diesen Worten bestieg der General das Auto und ließ mich allein.

Als ich mein Zimmer betrat, wo mich mein Schäferhund Prinz schon erwartete, plagten mich erneut Zweifel, ob ich mit meiner Zusage nicht zu weit gegangen sei. Aber da erinnerte ich mich plötzlich eines Mannes, der einmal in der Sommerfrische bei uns in Kelheim gewohnt hatte und mich gut kannte. Es war Kommerzienrat Eckert von Regensburg, der in der Kohlensäureindustrie eine große Rolle spielte, auch mit den damit verbundenen Maschinen handelte. Ich glaubte, daß er mir sicher mit Rat und Tat beistehen würde, noch dazu, wenn er Geld verdiente. Nachdem ich Intendanturrat Faber unterrichtet und die Dienstreisebewilligung in die Heimat erhalten hatte, fuhr ich schon am nächsten Tag in die Ratisbona, um mit Eckert alles Notwendige zu besprechen, ja, ich erreichte sogar, daß er mit mir in die Vogesen fuhr, um in kürzester Frist die Angelegenheit zu erledigen. Den Standort der neuen Limonadenfabrik hatte ich bereits ausgewählt. Er mußte Gleisanschluß an die Reichsbahn besitzen und günstig im Straßennetz liegen. Nichts war in dieser Hinsicht mehr geeignet als die große Seidenfabrik Logelbach bei Colmar. Diese hatte sowieso momentan Rohstoffmangel und deshalb ihren Betrieb eingeschränkt, konnte ruhig die notwendigen Lokalitäten freimachen, und wenn sie deswegen von der Wehrmacht beschlagnahmt wurden, war das nicht allzu schlimm. Trotzdem verspürte ich ein kleines Herzweh, hatte ich doch von ihr schon einigemal wunderschöne Crèpe de Chine-Seide für meine Schwester Julia in München gekauft, als Weihnachtsgeschenk zu billigem Preis. Und jetzt, da sie durch den Krieg ohnehin genug Schwierigkeiten hatte, mußte ich ihr noch den Rest geben.

Weil ich den Termin unter allen Umständen einhalten wollte, sorgte ich für die schnellstmögliche Erledigung aller einschlägigen Arbeiten. Kaum waren die beschlagnahmten Hallen geräumt und die teuren Webmaschinen entfernt, wurden darin nach den Plänen Eckerts die Böden zementiert, und zwar so, daß sie ein Gefälle, eine schiefe Ebene bildeten und mit einer Abflußrinne endeten. Zwölf Abfüllmaschinen, zwölf Spülmaschinen und zwölf Apparate, welche die Kronkorken aufzudrücken hatten, standen in kürzester Zeit einsatzbereit, dazu eine Menge Kohlensäureflaschen und Glasballone mit den erforderlichen Essenzen und Ingredienzen, alles war da und das Auge weidete sich gern an der Sauberkeit und Zweckmäßigkeit der neuen Anlage. Eine Kernfrage freilich bildete die Zuweisung von Arbeitskräften. Soldaten konnte Freiherr von Stein nicht abgeben, denn diese brauchte er notwendig an der Front. Aber schließlich stellte er mir dreißig

Generalleutnant Freiherr von Stein
im Gespräch mit Kaiser Karl von Österreich

Frauen aus dem zivilen Wehrdienst ab, die in blendend weißen Kitteln die einzelnen Maschinen bedienten.

Genau nach vier Wochen war unsere Limonadenfabrik fertig. Jeder Besucher hatte seine Freude, wenn er sah, wie eifrige Helferinnen in blitzsauberen Räumen das Kontingent von 30.000 Himbeer- und Zitronenlimonaden herstellten, die dann in den Schützengräben der Vogesen den Durst braver Kämpfer löschten. Als dann eines Tages auch Freiherr von Stein die interessante Anlage besichtigte, war er voll des Lobes. Am Schluß fragte er so nebenbei, ob ich nicht auch eine Divisionsschlächterei einrichten könne. Natürlich sagte ich wieder ja, hoffte aber doch, daß er mich damit verschonen würde. Trotzdem schaute ich darein, als wäre das für mich eine Kleinigkeit. Denn wer zaudert, verliert sein Image, sagte ich mir. Und schon gab er mir den neuen Auftrag. Sechs Wochen später stand die Schlächterei fertig da, und zwar in Rufach, an der Hauptstrecke Colmar-Basel. Diesmal hatte ich mir an Stelle des Herrn Eckert ein halbes Dutzend Berliner Metzger aus dem Armierungsbataillon abkommandieren lassen, gewappelte Geschäftsleute, die höchst froh waren, mich beraten zu dürfen. Bei der Eröffnung gab es dann eine kaiserliche Jagdwurst, die so köstlich schmeckte, daß man sich gar nicht mehr satt daran essen konnte.

Aber um noch einmal auf die Limonadenfabrik in Logelbach zu kommen. Wir stellten, wie vereinbart, täglich fortwährend 30.000 Flaschen her, was dem Bedarf entsprach. Nach einem halben Jahr aber ging der Konsum stark zurück. Schmeckte der Truppe das Zeug nimmer? Oder hing es damit zusammen, daß sie hin und wieder eine Extrazuweisung von Münchner Hofbräuhausbier erhielten, welches natürlich das von uns hergestellte Getränk weit in den Schatten stellte? Was tun? Sollten wir kurzarbeiten? Oder etwa den Betrieb ganz einstellen? In diesem Gewissenskonflikt kam uns plötzlich der rettende Gedanke, die Limonadenflaschen einfach zu rationieren und vorzutäuschen, daß wir an Rohstoffmangel leiden. Versorgte man die Truppe nicht gleichheitlich, konnte man schnell ihren Neid erwecken. Und deshalb hieß es im nächsten Divisionstagesbefehl:

Limonadenzuweisung	Es erhalten künftig:
1. Bataillon 18. Reserve-Regiment	900 Flaschen pro Tag
2. Bataillon 18. Reserve-Regiment	850 Flaschen pro Tag
3. Bataillon 18. Reserve-Regiment	650 Flaschen pro Tag
1. Bataillon 19. Reserve-Regiment	950 Flaschen pro Tag
2. Bataillon 19. Reserve-Regiment	600 Flaschen pro Tag

und so weiter, und so weiter...

Und siehe da: Es kam genau so, wie wir das erwartet hatten. Denn plötzlich fühlten sich die Verpflegungsoffiziere benachteiligt und wollten unbedingt wieder ihr früheres Quantum haben. Ja, sie stritten sich darum. Der Herr Generalleutnant Freiherr von Stein lachte, ich lachte gehorsam mit, und auf einmal hatten wir wieder Hochkonjunktur, lief alles wie am Schnürchen.

Hoher Besuch

Im Feldmagazin „Drei Ähren" auf einem Vorberg der Vogesen, hoch über Colmar, fühlte ich mich wohl wie ein kleiner König. Da hatte ich als Dienststellenleiter jeden Tag irgendeine nette Begegnung mit Verpflegungsoffizieren, deren Wünsche ich jederzeit, wenn es nur irgendwie ging, im Rahmen der bestehenden Vorschriften erfüllte. Nicht einen Augenblick empfand ich Langweil, für Abwechslung war immer gesorgt. Die mir zugeteilten Mannschaften zeichneten sich durch Fleiß und Zuverlässigkeit aus. Deshalb erhielten sie von mir hie und da Halbtagsurlaub, den sie in Colmar oder in einem Weindorf der näheren Umgebung verbrachten. Ich selber aber machte zu gern eine Visite in den Schützengräben, die ja gar nicht weit entfernt waren und in denen ich gelegentlich einen Freund aus dem Münchner Rekrutendepot traf, der sich weniger wohlfühlte und mich beneidete. So hatte es mir das Grabensystem am Schrazzmännele und der Hilsenfirst, auch der Hartmannsweiler Kopf angetan, überall wurde ich als Nährvater gut aufgenommen. Und so wagte ich mich selbst in die heikelsten Stellungen. Denn im Frontabschnitt der Armeeabteilung Gaede war es verhältnismäßig ruhig, hörte man nicht allzuviel Kanonendonner. Dieser Zustand aber änderte sich sehr schnell, als beim 1. Bataillon 18. Reserve-Infanterie-Regiment Nachersatz eintraf, zu dem auch ein blutjunger, tatenfroher Leutnant namens Grasser gehörte. Das kam so. Dem frischgebackenen Leutnant Grasser paßte die Ruhe nicht in seinen Kram. Deshalb wagte er einen unbesonnenen Schritt. Gerade zwischen den Frontlinien befand sich eine verlassene Ferme, aus deren Keller sich die Soldaten in gegenseitigem Einvernehmen Kartoffeln holten, in aller Frühe die französischen Alpenjäger und am späten Abend die bayerischen Infanteristen. Grasser konnte das nicht mitansehen, sein militärischer Ehrgeiz, seine Abenteuerlust verlangten Taten, und so schoß er schon am dritten Tag nach seiner Ankunft mit einem Zielfernrohrgewehr einen Alpenjäger nieder, der am Brunnen der Ferme gerade Morgenwäsche hielt. Natürlich war nun der Teufel los. Ein ohrenbetäubendes Maschinengewehrfeuer war die

Antwort. Jetzt durfte keiner mehr den Kopf über den Schützengrabenrand heben, ohne daß es nicht sofort drüben krachte. Grasser jedoch büßte seine Torheit. Schon nach einer kurzen Woche, während er eine Patrouille schob, traf ihn ein Handgranatensplitter der Franzosen mitten ins Herz. Man grub ihn in einem Reihengrab ein, das einen kleinen Rundhügel umfaßt, ganz nahe unserem Feldmagazin. Noch heute kann man seinen Namen auf einem Täfelchen lesen. Ich aber sehe ihn noch immer, wie er in einem schlichten Vierbrettersarg vorm nahen Kapellchen aufgebahrt lag, gebettet auf Kieselsteine und zugedeckt mit der oberen Hälfte eines Papierhemds. Wenn man dieses anhob, konnte man mitten in das Herz des Toten sehen. Selbstverständlich wurde er nachher geehrt. Am Wochenende stand im Divisionstagesbefehl, daß das kleine Hölzchen in der Nähe der einsamen Ferme künftig auf der Generalstabskarte den Namen „Leutnant Grasser Hölzchen" tragen werde.

Eines Tages hatte man mir den Besuch des Generals Gaede angekündigt, der mein Feldmagazin visitieren wolle. Natürlich ließ ich sofort alles auf Hochglanz herrichten. Als Gaede eintraf, begleitet von Generalstabsoffizieren, befand sich unter letzteren auch Prinz Joachim von Preußen, der in Gaedes Stab Dienst leistete. Als Höhepunkt und Abschluß hatte ich eine bayerische Brotzeit in meinem Arbeitszimmer vorgesehen. So ließ ich denn ein paar junge Ferkel stechen, von denen wir eine ganze Reihe besaßen und die wir mit Küchenabfällen fütterten. Daß es dazu noch selbstgemachtes Sauerkraut, Kartoffeln, dunklen Senf, Kirschwasser und ausnahmsweise Bier aus dem Münchner Hofbräuhaus gab, war eine Selbstverständlichkeit. General Gaede kam mit seinen Offizieren, darunter Prinz Joachim, gerade die Treppe herauf. Als ich die Tür meines Arbeitszimmers öffnete, darin die Tafel schon gedeckt war, ließ Gaede den Vortritt dem Prinzen Joachim. Aber kaum stand dieser im Türrahmen, stürzte sich mein wachsamer, großer Schäferhund auf ihn, legte ihm die Pfoten auf die Brust und zeigte ihm, verrückt bellend, seine scharfen Zähne. Natürlich erschrak die Kaiserliche Hoheit wegen dieses völlig unerwarteten Angriffs, und selbstverständlich pfiff ich das Tier sofort zurück. Aber jeder wird begreifen, daß mir die Angelegenheit dreifach peinlich war, und ich machte mir eine Menge Vorwürfe, weil ich vergessen hatte, das Tier an die Leine zu legen oder es anderswo unterzubringen. Auf meine Entschuldigung reagierte Prinz Joachim mit einem zerstreuten Lächeln, besänftigte sich aber schnell wieder. Denn genau besehen war das Ganze ja nur eine Auseinandersetzung zwischen zwei Prinzen gewesen, die beide einen langen Stammbaum hatten, einen vom menschlichen und einen vom tierischen Adel.

Der Kaiserlichen Hoheit begegnete ich bald darauf nochmals, und zwar in Horburg bei Colmar, wohin ich zum Spargelessen ritt. Da saß Prinz Joachim ganz allein an einem Tisch im Nebenzimmer eines Gasthauses, um dem gleichen Genuß wie ich zu fröhnen. Als ich die Haken zusammenschlug, dankte er mit einem freundlichen Lächeln, lud mich aber nicht ein, neben ihm Platz zu nehmen. Kurz darauf erschien eine junge Dame, der er sehr rasch den Mantel abnahm. Und jetzt wußte ich, warum er auf eine Unterhaltung mit mir verzichtete. Aber der berühmte Horburger Spargel schmeckte mir deshalb nicht weniger gut, draußen im Gastzimmer, wo ich mich mit dem Wirt glänzend unterhielt, ehe ich nach „Drei Ähren" heimkehrte.

Aber noch einmal zurück zu General Gaede. Am Schluß der Besichtigung gab er seiner vollen Zufriedenheit Ausdruck, und er sprach ein ganz hohes Lob aus, weil die Truppe so mustergültig verpflegt wurde. Daraufhin genehmigte ich mir abends, als er wieder fort war, zusätzlich eine Maß Hofbräuhausbier und eine Zigarre namens „Graf Bernstorf", in die ich seit je verliebt war.

Junggesellenzeit

Man schrieb das Jahr 1919. Der Krieg war vorbei. Deutschland lag am Boden, es hatte sich überschätzt und war von der Vielzahl seiner Feinde überwältigt worden, darunter den Amerikanern mit ihrem riesigen Industriepotential und den Russen mit ihren schier unerschöpflichen Menschenreserven. Auch ich litt unter dem Schicksal Deutschlands sehr, trennte mich aber trotzdem nur schwer von den Vogesen, die mir ja sozusagen zu meiner zweiten Heimat geworden waren. Und so zog ich mich nach Straubing zurück, wohin ich am 1. Oktober 1915, mitten während des Krieges, während meines Aufenthaltes in den Vogesen versetzt wurde. Die Regierung übertrug mir eine Planstelle an der Straubinger Knabenschule Sankt Jakob. Damit war mein lang gehegter Wunsch in Erfüllung gegangen, und ich hatte es trotz des allgemeinen Elends und der wirtschaftlichen Schwierigkeiten recht gut. Eine gesicherte Existenz mit angemessenen Bezügen stärkte mein Selbstvertrauen, stellte die Hilfslehrereinkünfte von früher tief in den Schatten. Straubing, der Mittelpunkt der reichen Kornkammer, gefiel mir ausgezeichnet. Eine passende Wohnung hatte ich bald gefunden und zwar bei der Witwe Forster in der Schmidlgasse. Da bekam ich zwei kleine möblierte Zimmer nicht weit von der Jesuitenkirche. Aber auch zu meiner Knabenklasse in Sankt Jakob hatte ich gar nicht weit. Vorerst mußte ich freilich noch eine schmerzhafte Gastritis im Krankenhaus der Barmherzigen Brüder auskurieren lassen. Bei dieser Gelegenheit lernte ich das „Reserl“, meine spätere Lebensgefährtin kennen, die als Lehrerin in Sankt Peter tätig war, und meinen Gruß stets freundlich erwiderte, wenn sie die Fenster öffnete, um den Lehrsaal zu lüften und mich im Krankenhausgarten spazieren gehen sah.

Das gesellschaftliche Klima in der alten Herzogsstadt gefiel mir ausgezeichnet. Da gab es viele vergnügte Stunden während der Versammlungen des Bayerischen Lehrervereins, im Alpenverein, dem Bayerwaldverein, der Schafkopfrunde, namentlich aber im Liederkranz, wo man meinen Tenor zu schätzen wußte. Besonders angetan hatten es mir die großen Oratorien wie „Die Schöpfung“, die „Jahreszeiten", bei denen mitzuwirken ein Hochgenuß war. Am Sonntag spielte ich jeweils die Orgel beim Gottesdienst der Barmherzigen Brüder, denen ich mich zu Dank verpflichtet fühlte und die mich um Hilfe baten, weil sie keinen Organisten auftrieben. Nun, ich habe mich an das sonntägliche „Orgelschlagen" bei ihnen schnell gewöhnt und bin den Jüngern des heiligen Johannes von Gott über sechzig Jahre, bis zum heutigen Tag treu geblieben, ohne durch ein Honorar ihr Budget zu gefährden.

Zu meinen Hobbys gehörte neben der Musik auch die Schriftstellerei. Zu diesem Zweck studierte ich eingehend die „Stilkunst" von Engels und die „Kunst des Schreibens" von Dr. Brother Christiansen und verfaßte, ganz in ihrem Sinne, kurze, knappe, ausdrucksträchtige Essays, Kurzgeschichten und Reiseberichte. Wenn sie von der großen Presse, etwa den „Münchener Neuesten Nachrichten" angenommen wurden, hatte ich eine richtige Freude und einen verständlichen Stolz, namentlich, wenn ich mit größeren literarischen Arbeiten zum Zuge kam. Aber auch Kommerzienrat Huber vom „Straubinger Tagblatt" ermunterte mich immer wieder durch ein Lob zu Beiträgen für seine im weitesten Umkreis verbreitete Zeitung. Auch der kleinste Erfolg wirkte auf mich wie das Händeklatschen für die Mimen auf der Bühne. Und so genoß ich mein Leben mit musikalischen und literarischen Schwärmereien, und glaubte richtig zu liegen, wenn ich in Anspruch nahm, was mir das Schicksal zuspielte, Erfolg, Kurzweil und Abenteuer. Aber daß zu meinen Leidenschaften auch das Reisen gehörte, hätte ich beinahe vergessen. Oft und oft erstand ich mir eine Fahrkarte, um nach München oder Berlin zu kommen, wo ich verheiratete Schwestern besaß, die mich gern in ihr Quartier aufnahmen und zum Lohn dafür dann mit mir ins Theater oder die Oper gehen durften. Ferner machte ich mit meinem Reserl ausgedehnte Radtouren in die Alpenlandschaft, nach Thüringen und einmal sogar nach Venedig. Was wollte ich eigentlich mehr?

Aber der damalige Status paßte mir trotz aller Schönheit und Behaglichkeit letzten Endes halt doch nicht. Es zog mich immer wieder in die Großstadt, wohin meine Dienstqualifikation leicht ausreichte. Denn in der Großstadt genossen die Lehrer einen

Mein Reserl
als junge Lehrerin

gewissen Sonderstatus und waren wie Akademiker bezahlt. Und deshalb reichte ich ein Versetzungsgesuch nach München ein, zudem ein gleiches nach Nürnberg. Und siehe da, der Zufall wollte es, daß ich noch im Jahre 1919 gleichzeitig die Versetzung nach München, aber auch nach Nürnberg und eine Berufung an die Lehrerbildungsanstalt Straubing bekam, wo ich für einen noch in Kriegsgefangenschaft befindlichen Seminarleiter einspringen und Unterricht im Orgelspiel, in der Harmonielehre und im Erdkundeunterricht erteilen mußte.

Natürlich ergriff ich sofort die dritte Möglichkeit, noch dazu, weil mir das Kultusministerium die spätere Übernahme in den Lehrerbildungsdienst in Aussicht gestellt hatte, vorausgesetzt, daß ich die notwendigen Semester an der Uni nachholen würde. Ja, jetzt hatte ich wieder das alte, wohlvertraute Lehrerseminar mit seinen tausend lieben und einigen trüben Erinnerungen in der Tasche. Der Unterricht freute mich sehr und ich fühlte mich glücklich. Aber schon nach ein paar Monaten mußte ich dem aus der Kriegsgefangenschaft zurückgekehrten Stelleninhaber Platz machen, um in ein gleiches Dienstverhältnis an der Präparandenschule Deggendorf einzurücken. Nun, gerade in Deggendorf erlebte ich ganz besonders schöne Jahre, und zwar in einem Gesellschaftskreis, von dem ich bisher nur geträumt hatte. Da gab es reizende Verhältnisse an der Schule, einen kleinen literarischen Zirkel, auch haufenweise Musik in der Liedertafel, deren Vorstand ich zuletzt war, eine innige Freundschaft mit der Familie des Fabrikbesitzers Noel, harmlose Flirts mit jungen Damen, Operettenaufführungen auf der Bühne des Deggendorfer Gesellenvereins, darunter der „Bettelstudent" und dazu kamen auch noch Reisen, Sängerfeste, mein kleines Motorrad, das nur ganz wenig stotterte, wenn es die Steigung hinauf zur Rusel nehmen mußte. Geld spielte keine Rolle, denn man roch ja schon die kommende Inflation und legte den Pfennig nicht mehr auf die Seite. Das Geld diente nur noch der Flucht in die Sachwerte, bis dann das Jahr 1923 mit Milliarden herumschmiß und jeden zum Bettler machte, der seine Spargroschen auf dem Konto stehen ließ. Just zu diesem Zeitpunkt flog mir wieder eine Versetzung auf den Schreibtisch,

Meine Familie in der Lichtenthaler Allee zu Baden-Baden

die mich vom liebgewordenen Deggendorf nach Haßfurt in Franken an die dortige Präparandenschule brachte. Diese befand sich in einer alten Burg mit meterdicken Mauern, wo ich kärglich und einsam wie ein Mönch lebte und aus Verzweiflung, aus Langeweile, in die Großvaterliteratur zurückgriff, unter anderem „Dreizehnlinden" las, um einschlafen zu können und die Gegenwart zu vergessen.

Schon fürchtete ich eine beginnende Geistesumnachtung. In einem solchen Zustand fuhr ich nach München und bat Kultusminister Matt um Rückversetzung an die Volksschule Straubing Sankt Jakob. Ich begründete das mit der Bemerkung, daß ich in Straubing eine Braut habe, das Reserl, das ich zu heiraten gedenke. Nach einigem Zögern sagte Minister Matt zu, dankte mir für meine Dienstleistung bei der Lehrerbildung mit einem hohen Lob und versprach, mich auf die Liste der künftig zu ernennenden Schulräte zu setzen.

Und dann fuhr ich heim nach Straubing, heiratete mein liebes Reserl und baute mein Ehenestchen im Haus meines Schwiegervaters, Professor Mohnlein. Eine besondere Freude hatte ich an dem großen Garten mit seinen vielen Obstbäumen und Blumen, der dazu vor der Haustür lockte.

Und dann kaufte ich mein erstes Auterl, einen grasgrünen Opelfrosch, der mir die weite Welt erschloß, bis ich ihn, weil nur zweisitzig, gegen einen bequemeren Fiat-Viersitzer vertauschte. Jetzt konnten wir nach Belieben nach München, Berlin oder nach Kelheim fahren, zum Besuch der Eltern und der Befreiungshalle, ja hie und da steuerte ich den Wagen über die Schweizer Alpenpässe oder die Dolomitenstraßen. Ja, das Leben war wunderbar. Es kannte keine Differenzen, keine Ängste und Sorgen. Fortuna lächelte. Sie schenkte uns, um das Glück voll zu machen, zwei hübsche brave Mädchen, die Gertrud und die Martha, die noch viel mehr Sonne in unsere Ehe brachten.

Aufziehendes Gewitter

Deutschland hatte den Ersten Weltkrieg verloren, wußte seiner wirtschaftlichen Schwierigkeiten nicht mehr Herr zu werden. Die Vielzahl der Arbeitslosen, die Unzufriedenheit des Bürgertums mit den unklaren politischen Verhältnissen bildeten einen ausgezeichneten Nährboden für Abenteurer aller Art, welche die Zügel in die Hand nehmen und mit der Peitsche regieren wollten, um später ein Denkmal in der Geschichte zu erhalten.

Hitler gehörte zu ihnen, wurde aber in seiner Gefährlichkeit leider zu spät erkannt. Seine Hetzreden ließen das Volk aufhorchen und viele flüchteten aus Angst in die Mitgliedschaft seiner Partei, weil sie in ihm den Retter sahen. Ich aber, der Tucholsky, Carl von Ossietsky, Heinz Gerlach und die Weltbühne gelesen hatte, mißtraute ihm. Dann aber ließ ich mich dummerweise 1935 doch in die Partei aufnehmen, aus Angst vor meiner Zukunft. Schon kurze Zeit später bereute ich meinen Schritt zutiefst.

Interessant ist mir bis heute eine Situation im Schulhaus Sankt Jakob zu Straubing, wo ich die achte Knabenklasse unterrichtete. Da stand plötzlich einmal Kreisleiter Putz, der auch als Schulrat amtierte, im Klassenraum. Er sah ziemlich mißmutig und unzugänglich aus, was möglicherweise auf einen Ärger mit Parteimitgliedern zurückzuführen war. Er kam, um mich zu beurteilen. In der ersten Stunde sprach ich mit meinen Schülern über Geldanlagen, Pfandbriefe und die „wirkliche" Rentabilität der Aktien. Das mochte ihm nicht interessant genug gewesen sein. Denn er schaute noch immer finster drein und sein Blick heiterte sich keineswegs auf.

Die zweite Stunde war dem Aufsatz gewidmet. Ich überließ den Schülern die Wahl des Stoffgebietes, und nachdem sie sich für das Thema „Winterhilfswerk" entschieden hatten, begann die eigentliche Arbeit. Dabei stellte ich mich mit verschränkten Armen an das offene Fenster, der Selbständigkeit der jungen Menschen breiten Spielraum lassend. Aufmerksamkeit und Denkstille; und dann schrieb irgendeiner meiner flinken Kerle den ersten Satz an die große schwarze Tafel. Die anderen dachten inzwischen gespanntest darüber nach, was für ein Folgesatz sich dann anfügen lasse. Und schon war ein zweiter da, der einen solchen logisch formte und mit der weißen Kreide weiterschrieb. Dann folgte ein dritter, ein vierter und so weiter, bis die jungen Skribenten das Aufsätzchen fertig auf die große Schultafel geschrieben hatten, im Ganzen etwa zwölf Sätzchen umfassend. Als sie damit fertig waren, gruppierte sich die Klasse um ihr literarisches Produkt, wobei in einem ersten Arbeitsgang die Orthographiefehler, im zweiten die grammatikalischen Fehler ausgemerzt wurden.

Der dritte Arbeitsgang jedoch galt der stilistischen Ausdrucksform, wobei es immer darum ging, alles in einer knappen, klaren und körnigen Prosa zu sagen. Ich selber mischte mich keineswegs darein, weil ich wußte, daß die ganze Klasse mit höchstem Interesse an ihrer Sache war. Ja, wenn nur genügend Interesse vorhanden ist, laufen die Pferde von selbst. Wer Rat brauchte, durfte mich ruhig fragen und erhielt gern die richtige Antwort. Aber etwas dem Schüler aufdrängen, das hielt ich von jeher für falsch.

Als Kreisleiter Putz diese Methode sah, horchte er plötzlich auf und schaltete sich ins Gespräch. Offenbar hatte er mich begriffen und wollte mir ein besonderes Lob spenden. Aber als ich dann in der dritten Stunde im Rahmen des Literaturunterrichtes auf Walther von der Vogelweide zu sprechen kam, ein Bild von seinem Bozener Denkmal zeigte und ein paar Textproben vorlas, etwa jene, wie er von der Birke sagt, sie sei so schön, als wäre dran aus heller Nacht das Mondlicht blieben hängen, da hatte sich der Herr Kreisleiter aus einem vaterländischen Gefühl heraus ganz in unseren Kreis integriert. Am Schluß sagte er ganz begeistert: „Ich war heute früh, als ich kam, so schlecht gelaunt wie noch nie, und zwar wegen eines Streitfalls in der NS-Frauenschaft. Jetzt aber habe ich mit eurer Klasse eine doppelte Freude erlebt."

Der Visitationsbericht, den ich ein paar Tage später erhielt, qualifizierte mich mit dem Attribut „Hervorragend". Er endete mit dem Nachsatz: „... Der hervorragend tätige und fleißige Lehrer erzieht seine Schüler zu guten Bürgern, mit anderen Worten, zu Mannsbildern fürs Dritte Reich." Als ich das las,

Stabsintendant im Zweiten Weltkrieg

erschrak ich, denn jemand zum Dritten Reich zu erziehen, hatte ich nie versucht.

Das Vertrauen, das der Kreisleiter in mich setzte, dauerte gar nicht lange. Als ich aus dem NS-Kraftfahrcorps, in das ich mich pro forma eintragen ließ, wieder austrat, qualifizierte mich Putz, sein erstes Urteil abändernd, so: „... Politisch wendig. Trat aus SA und NSKK aus." Aber das Unglück war noch nicht zu Ende, denn kurz darauf erschien von mir ein kleines Essay im „Straubinger Tagblatt", in welchem es hieß: „Berlin? Die Stadt strahlt nachts wie eine Kokotte mit falschen Steinen. Seit der Krieg ihre Lichter löschte, liegt sie wie eine tote Katze im Mond." Diese Feststellung paßte einem Fliegeroffizier nicht, und er schickte das Blatt umgehend an Minister Goebbels. Dieser verbot mir mit sofortiger Wirkung jede literarische Betätigung, weil ich das Ansehen der Reichshauptstadt im In- und Ausland verächtlich gemacht habe.

Ein andermal erschreckte mich ein Erlaß des Bayerischen Kultusministeriums. Dieses stellte fest, daß ich als Amtsträger der Schlaraffia, einem der Freimaurerei zurechnenden Bund, zeitlebens nicht mehr befördert werden dürfe. Ein andermal hängte mich ein übereifriger Anhänger Hitlers beim Bayerischen Rundfunk hin, bei dem ich des öfteren Vorträge brachte. Plötzlich boykottierte mich der zuständige Abteilungsleiter. Als ich nach dem Grunde fragte, gab er zur Antwort, er habe eine eidesstattliche Erklärung, daß ich im Kollegenkreis die Angehörigen der SA und der SS als „Rotznasen" und dumme Jungen bezeichnet habe. Nun, da gab es nichts mehr zu leugnen. Jetzt wurde mir aber der Boden zu heiß, es erfüllte mich Angst. Das Mißtrauen der Partei konnte zu leicht in Haß umschlagen und so war ich von Herzen froh, daß mich die Wehrmacht 1938 als künftigen Stabsintendanten ins Auge faßte und mich bei Beginn des Zweiten Weltkrieges gleich einzog. Jetzt unterstand ich nicht mehr der Willkür der Partei, sondern dem Oberkommando der Wehrmacht und kam aus der Schußlinie der letzteren. Gott sei Dank wurde ich als Leiter der dem Heeresverpflegungshauptamt Regensburg unterstellten Abteilung in Straubing eingesetzt. Und so entledigte ich mich schnell des weißen Kittels der Schulmeister und schlüpfte in eine nagelneue Uniform, die ganz jener des Hauptmanns glich. Auch ein paar höchst elegante Stiefel gehörten dazu. Jetzt hatte ich eine große Schar braver Arbeiter unter mir, konnte zu Hause essen und schlafen, bekam einen anständigen Wehrsold und brauchte keine politische Versammlung mehr zu besuchen. Bald darauf versetzte mich dann die Wehrkreisverwaltung VII als Leiter des Heeresverpflegungshauptamtes nach Regensburg.

Götterdämmerung

Meine Berufung zum Leiter des Heeresverpflegungshauptamtes Regensburg brachte mir eine Fülle neuer Arbeit. Dazu gehörte nicht nur die Verwaltung der großen Lebensmittelmagazine, der Getreide- und Rauhfutterlager, der Standortschlächterei und der Standortbäckerei, sondern auch die Erfassung des Heeresbedarfs an Fleisch-, Obst- und Gemüsekonserven in einem riesigen Umkreis. In meinen Magazinen war praktisch alles vorhanden, was man zur Versorgung der Truppe in der Heimat und an der Front braucht, also auch Wein, Schnäpse, Rauchwaren, Schokolade und so weiter für die Marketenderei. Oft war mir dabei selber angst, wenn ich daran dachte, über welche Millionenwerte ich verfügte und was da gestohlen werden konnte. Daneben gab es Dienstreisen in den Bayerischen Wald, wo in Konservenfabriken in Steinburg, in Blaibach oder bei Stanglmeier in Plattling ungarische Erdbeeren, köstliche Birnen und Fleischwaren eingedost und kontrolliert werden mußten. Aber es war auch Weizen und Roggen, der aus Böhmen kam, zu qualifizieren. Unbegreiflich war mir, warum wir in der Zweigstelle Straubing Preßstrohballen zu Tausenden herstellten, die dann auf Schiffe verladen und donauabwärts in die Ukraine verfrachtet wurden, in die Kornkammer Rußlands, die doch von Getreide geradezu strotzen mußte. Als dann die Schiffe in Ungarn und Rumänien vom Ufer aus beschossen wurden, stapelten wir die Ballen so, daß sie in der Mitte einen kleinen Freiraum bildeten, in den das Begleitpersonal flüchten konnte, geschützt vor feindlichem Maschinengewehrfeuer. Oft wußte ich kaum mehr, wo mir der Kopf stand, so stark war ich mit Arbeit eingedeckt. Aber nachdem ich die Mithelfer eingewiesen und auf die einzelnen Spezialgebiete verwiesen hatte, ging alles zufriedenstellend.

Erschreckend waren die letzten Tage. Da erlebten alle ein erschütterndes Finale. Die Amerikaner hatten bereits Nürnberg eingenommen, standen sozusagen vor den Toren Regensburgs. Weil Benzin äußerst knapp war, besorgte ich eine Pferdekutsche und fuhr mit ihr jeden Tag zur Lagebesprechung ins Taxisschloß, an der stets der Kampfkommandant Oberst Bieringer und Stadtkommandant General Auer teilnahmen.

Ich wurde zugezogen wegen der Versorgung der sich nach Süden absetzenden Truppen und der Einheiten im Umkreis von Regensburg. Schließlich mußte ja auch beraten werden, wohin mit den Massenbeständen meiner Magazine, wenn die Amerikaner einrückten, denen man keineswegs etwas überlassen wollte. Mein Weg führte mich immer von der äußeren Landshuter Straße über den Bahnhofsplatz und dann entlang des Schloßparkes. Manchmal war das sehr schwierig, namentlich, wenn große Baumstämme über dem Weg lagen, welche die Amerikaner mit ihrer Artillerie aus dem Park heraus umgelegt hatten.

Ja, jetzt merkte auch der dümmste Patriot, daß es dem Ende zuging. Ich aber überlegte nur noch, wohin mit meinen Riesenbeständen. Da blieb mir nun nichts anderes mehr übrig, als nach eigenem Ermessen zu handeln. Meine Vorgesetzten aus der Wehrkreisverwaltung VII in Nürnberg hatten sich längst abgesetzt, waren im Süden, in Ergoldsbach, Hagelstadt oder irgendwo. Darum verteilte ich alles, was ich noch besaß, nach bestem Ermessen, gegen Quittung und genau nach Vorschrift gebucht. Und so stattete ich nicht nur die rückflutenden Truppen, sondern auch die Einheiten um Regensburg, sämtliche Lazarette reichlich aus. Den Rest übergab ich dem Bürgermeister Hermann von Regensburg für die notleidende Zivilbevölkerung. Es waren dabei haufenweise Mehl, Fleisch- und Fettkonserven, Bohnenkaffee, Kakao, Rauchwaren, vorzügliche Liköre, aber auch Zigarren und Zigaretten. Nur über die Bestände des Lagers Nord, jenseits der Donau, nahe dem Kalkbruch, konnte ich nicht mehr verfügen. Es war von einer unter deutscher Fahne kämpfenden ungarischen Division geplündert worden. Immerhin waren darin noch sehr viele Bestände vorhanden, die der Amerikaner, als er kam, sofort beschlagnahmte. Leider konnte ich sie nicht mehr bergen, weil inzwischen zu allem Unglück noch die uralte Steinerne Brücke gesprengt worden war, kurz vor Torschluß. Für uns waren diese Bestände verloren, weil nun der Zugang fehlte, aber auch das notwendige Benzin für die Transportfahrzeuge. Ja, es war völlig unmöglich, ein Lager dieser Größe in solch kurzer Zeit zu leeren. Trotzdem hätte mir dieses Unvermögen beinahe den Kopf gekostet. Denn plötzlich zitierte mich der SS-Führer Ruckdeschel, der die Truppe offiziell zu bespitzeln hatte, nach Schloß Haus, das dem Fürsten von Thurn und Taxis gehörte und in welchem Ruckdeschel zuletzt residierte. Ich schwang mich, weil keine andere Fahrgelegenheit mehr da war, auf den Rücksitz eines Motorrades, das zufällig die gleiche Strecke benutzte, und landete nach einer halben Stunde in Haus. Der Schloßhof wimmelte von SS-Offizieren. Keiner von ihnen konnte mir sagen, warum ich vorgeladen war. Aber als ich endlich in einem kleinen, abgedunkelten Saal des oberen Stockwerkes auf Ruckdeschel stieß, stand er neben der Fenstergardine und starrte mich haßerfüllt an, mit messerscharfen Blicken. Schwarze, knappsitzende Uniform, mit weißer Epaulette auf der einen Achsel, Ordensspange, spiegelnde Stiefel, ein wahrer Bilderbuchbonze von gedrungener Gestalt. Nachdem ich mich vorgestellt hatte, herrschte er mich sofort an: „Warum haben Sie das Lager Nord in Regensburg nicht geräumt, ehe die Amerikaner kamen?"

„Weil die Steinerne Brücke gesprengt wurde, sodaß ich keinen Zugang mehr hatte," antwortete ich.

Warum haben Sie nicht schon vorher alle Fahrzeuge mobil gemacht, um die Bestände über die Donau zu bringen?" wollte er wissen. Worauf ich erwiderte:

„Weil ich keine mehr besaß und trotz äußersten Bemühens keine auftrieb."

„Warum haben Sie nicht Oberst Bieringer oder General Auer oder den Kreisbauernführer darum gebeten?" schrie er mich an. Ich antwortete, immer noch ruhig:

„Das habe ich wiederholt versucht, leider aber vergeblich, denn auch sie waren nicht imstande, mir zu helfen," gab ich zurück, „es wurden meinerseits alle Möglichkeiten ausgeschöpft."

Jetzt rief Ruckdeschel sofort Oberst Bieringer, General Auer und den Kreisbauernführer an, die alle meine Angaben bestätigten. Anschließend verlangte Ruckdeschel, daß ich all meine Aussagen in Gegenwart von zwei SS-Offizieren zu Protokoll gebe, wogegen ich mich nicht im mindesten sträubte. In etwa einer Stunde waren wir fertig, wobei ich mich immer nur wunderte, wie ungeschickt sich Ruckdeschels Leute benahmen. Dann gingen wir zu dritt wieder zu ihm in sein Arbeitszimmer. Ungezogen, wie er war, bot er mir nicht einmal einen Stuhl an und schrie:

„Sie können zurückfahren in Ihren Standort, ich verhafte Sie nicht. Aber merken Sie sich: Wenn mir in Zukunft auch nur die kleinste Konservendose aus Ihren Magazinen gestohlen wird, lasse ich Sie drunten im Schloßhof, dort am großen Kastanienbaum, aufhängen. Haben Sie verstanden?"

Ich war sprachlos, erwiderte kein Wort, schlug die Hacken zusammen und verließ den Raum. Den Diebstahl einer Konservendose konnte man beim besten Willen nicht verhindern. Jetzt wußte ich genau, was ich zu tun hatte. Auf meine Bitte hin fuhr mich ein SS-Mann rasch nach Regensburg zurück. Noch lieber aber wäre ich auf den Knien nach Straubing gerutscht, zu meiner Familie. Ich war einem Todesurteil entgangen. Mir war, als fiele mir ein Stein vom Herzen.

Schon am nächsten Vormittag ging ich zu Oberst Bieringer, schilderte ihm das Vorgefallene und bat dringend um die Erlaubnis, mich mit meinem gesamten Personal absetzen zu dürfen, weil ich, nachdem die Bestände ausgegeben, nichts mehr zu tun habe und keinen Kampfwert in der Auseinandersetzung mit den Amerikanern darstellte. Bieringer sagte ja und gab mir den überaus wichtigen Ausweis. Als dann die Finsternis eintrat, starteten wir mit unserem Lkw und fuhren in Richtung Landshut. Schon in Köfering kontrollierte uns die SS, und wenn wir Bieringers Erlaubnis nicht dabei gehabt hätten, wären wir ebenso an einem Baum gehenkt worden wie so viele andere, denen man als Deserteuren einen kurzen Prozeß machte. Im Südwesten war der Himmel blutrot, verursacht von einem Riesenbrand in der Gegend um Abensberg. Die Reise ging flott weiter. Kurz vor Neufahrn bogen wir nach Mallersdorf ab, sahen bei Laberweinting, wie ein Zug von Konzentrationslagerinsassen an uns vorbeimarschierte, ein Haufen stinkender Schreckensgestalten, die der Hunger zu Gespenstern gemacht hatte. Und dann landeten wir endlich in Straubing, wo immer noch ein Zweiglager des Regensburger Hauptamtes intakt war. Jetzt befand ich mich wieder im Umkreis meiner lieben Familie. Da gab es Kaffee und Unterhaltung genug. Es war weit nach Mitternacht. Ein paar Kameraden mußten, weil all meine Betten belegt waren, auf dem Boden schlafen, aber das machte ihnen gar nichts aus. Die ganze Freude aber dauerte nur kurze Zeit. Denn schon am nächsten Tag nahmen die Amerikaner auch Straubing ein und holten mich aus dem Keller des Tierarztes Dr. Münich, wo ich, wie Oberbürgermeister Dr. Höchtl und viele andere, Schutz vor feindlichen Granaten gesucht hatte. Ich vermochte nach der Festnahme noch zu fliehen, eilte nach Hause und legte meine Uniform als Stabsintendant ab, ging dann in Zivil ins Rathaus, um mich ordnungsgemäß bei Rechtsrat Schildhauer zu melden. Dieser war ganz entsetzt, als er mich sah und riet mir sofort, wieder die Uniform anzuziehen und mich bei den Amerikanern zu melden, weil ich sonst möglicherweise als Spion qualifiziert und abgeurteilt würde. Und so kleidete ich mich wieder um und ging zum Landgerichtsgebäude an der Jesuitenkirche, wo man mich sofort festnahm. Drei Tage und Nächte gingen wir da mit trüben Gedanken im großen Hof herum, ohne Speis und Trank, manchmal hörte man Schmerzensschreie von verprügelten Amtsträgern Adolf Hitlers. Und dann pferchte man uns zu je fünfzig auf offene Lastwagen und fuhr uns nach Würzburg, wo bereits die Kohlewaggons auf uns warteten, die uns dann nach Bad Kreuznach brachten. Aber so oft ich mich an diese Zeit erinnere, denke ich auch an den lieben Rechtsrat Schildhauer, der so gut war, daß er keine Fliege töten konnte, und der, gleich nach unserem Abtransport, auch verhaftet und in ein Gefängnis für NS-Amtsträger eingeliefert wurde, weil er eine winzige Charge in der SA hatte, und bald im Gefängnis verhungerte. Das ist jetzt 35 Jahre her. Aber immer kommen mir fast die Tränen, wenn ich im Friedhof von Sankt Peter zu Straubing an seiner schönen Gedenktafel vorbeigehe.

Im Hungerlager Kreuznach

Als wir in offenen Güterwagen in Bad Kreuznach ankamen, holte man einige Offiziere aus der sich bildenden Marschkolonne. Sie trugen zufällig einen dunklen Kleppermantel, wurden irrtümlicherweise für SS-Angehörige gehalten und gar nicht weit von uns hinter einer Mauer erschossen, ohne daß ein ordentliches Gerichtsverfahren stattgefunden hätte. Wir anderen aber marschierten in geschlossener Kolonne nach dem etwa 15 km entfernten Dorf Bretzenheim, wo wir dann in einer blühenden Wiese, am Fuß des Galgenberges, haltmachten, für eine kurze Rast, wie wir alle glaubten. Plötzlich standen dann einige Amioffiziere jüdischen Typs vor uns. Sie sprachen fließend Deutsch und umgrenzten mit einer weißen Leine ein etwa tagwerkgroßes Stück Land. Auf unsere Frage, wann wir endlich in unser Quartier kämen, antworteten sie uns, daß wir ja schon drinnen seien. „Machen Sie es sich so bequem wie möglich", meinten sie, „denn es kann möglicherweise länger dauern, als Sie glauben, diese Wiese wieder verlassen zu dürfen!"

Ja, und dann legten wir uns todmüde mitten zwischen Gänseblümchen, halbmeterhohe Glockenblumen, Margariten und Salbeiruten, immer noch bezweifelnd, ob diese Wiese wirklich unser endgültiges Quartier sein würde. Bald darauf teilte man uns in Gruppen zu je 50 Köpfen ein, wies uns den zuständigen Wohnplatz zu, und jetzt gewahrten wir auch jenen hohen, mit Wachtürmen versehenen Stacheldrahtzaun, der das riesige Gefangenenlager Kreuznach umgab und aus dem man unmöglich flüchten konnte.

Schon nach einer Woche war die schöne Wiese völlig zusammengetreten. Sie glich einer unansehnlichen Wüste, ausgenommen ein etwa acht Meter breiter Streifen entlang dem Stacheldrahtzaun, den wir fürchteten und dem wir uns erst näherten, als sämtliche Löwenzahn-, Huflattich- und Minzenblätter aufgegessen waren und der Hunger uns zwang, auch in dieser Gefahrenzone nach Nahrung zu suchen, weil die Scharfschützen der Wachtürme sofort das Feuer eröffneten, sobald ihnen einer zu nahe kam. Unser jetziges Zuhause? Keiner von uns hatte ein Dach über dem Kopf, jeder war der Kälte, den Regenfällen und der Sonnenglut ausgesetzt. Zudem hätte selbst der klügste Spatz im ganzen Lager kein Körnlein mehr gefunden, um den Hunger stillen zu können.

Wer zufällig eine alte Wolldecke besaß, stülpte sie bei Gewitterregen über den Kopf. Alle fühlten sich in die Steinzeit zurückversetzt. Es mutete wie ein Witz an, wenn unsere aus fünf Köpfen bestehende Zelle ein zufällig mitgenommenes Bettuch, gestützt auf ein paar dünne Stecken, über unsere Schlafstatt zogen. Denn schon der erste Regen durchnäßte es völlig und ließ es auf unsere Köpfe heruntersinken, so daß wir noch schlechter als andere daran waren, die kein solches Laken besaßen. Nachts überfielen uns dann die Schnakenschwärme, gegen die wir uns nicht wehren konnten. Die einzige Freude im Lager war ein Brunnen mit einem entsprechend großen Trog, der uns Wasser für den Durst und die Körperreinigung bot. Spaß hatten wir auch an ein paar alten Birnbäumen, die wir mit dem Taschenmesser zusammenschnitzelten und mit deren Rinde wir auf winzigen, selbstgebauten Lehmöfchen Tee kochten.

Jeder Tag dauerte eine Ewigkeit. Die Langweil wirkte beinahe tödlich, wenn man sie nicht rechtzeitig vertrieb. Alle unsere Gedanken konzentrierten sich auf die winzigen Bissen, die wir zu essen bekamen, um nicht ganz zu verhungern. Die ersten drei Tage mußten wir sowieso alle fasten. Dann reichte man uns täglich etwa einen halben Liter Milchbrühe mit ein paar Dörrzwetschgen, die darin schwammen, dazu einen Eßlöffel Eipulver, mit dem wir nichts anzufangen wußten. Gelegentlich gab es auch eine 850-Gramm-Dose Rote Rüben, die wir uns zu fünfzig teilten, wobei auf jeden höchstens zwei bescheidene Scheibchen kamen. An Stelle von Brot reichte man uns täglich fünf Kekse. Zuweilen erhielten wir an Stelle von Keks einen anderthalb Pfund schweren amerikanischen Weißbrotwecken, der ebenfalls für fünfzig Hungrige reichen mußte. Von ihm fiel auf den Einzelnen eine kleinfingergroße Rippe, die, damit keiner zu kurz kam, mit einer selbstgefertigten Briefwaage – ein hölzernes Querstäbchen und zwei Spagatschnürchen – gewogen wurde. Ganz selten reichte man uns auch kleine Päckchen, deren drei jeder Amisoldat als eine Art eisernen

Bestand erhält. Uns gab man natürlich nur eines. Es enthielt gewöhnlich eine Fleischkonserve, etwas Keks, ein Portiönchen Käse, Zahnstocher und ein Minipäckchen Zigaretten, vorausgesetzt, daß diese nicht vor der Ausgabe von einem Amikoch gestohlen wurden. Offiziell behauptete die Lagerleitung, wir bekämen täglich Kost mit 1250 Kalorien. In Wirklichkeit waren es höchsten 650, wie ein mitgefangener Universitätsprofessor, der etwas von der Sache verstand, immer wieder behauptete.

Hatte einer aber seine Seele dem Nikotin verschrieben und vertauschte gar seine Kekse gegen Zigaretten, dann magerte er schnell bis zum Skelett ab. Einmal überraschte uns ein Dauerregen, der volle drei Tage anhielt und den Boden des Lagers in einen Morast verwandelte, in eine einzige Schlammpfütze. Dann stülpte jeder die Wolldecke, so er eine besaß, über den Kopf und torkelte wie ein Betrunkener todmüde herum, denn hinlegen auf den Boden konnte man sich beim besten Willen nicht mehr.

Der Hunger und die Langeweile konnten nur durch geistige Arbeit überwunden werden, dadurch, daß man an Vorträgen über klassische und auch zeitgenössische Literatur, über Malerei, Bildhauerei oder Technik teilnahm. Die Kunst stand hoch im Kurs. Während seiner Kriegsgefangenschaft schuf zum Beispiel ein Leipziger Zeichenprofessor Kuhn die schönsten Skizzen über das Kreuznacher Lagerleben. Ich verwendete sie später in meinem Buch über Kreuznach. Wieder andere versuchten ihr Glück mit der Philosophie, gruben Schopenhauer, Nietzsche und so weiter aus. Ich selber beteiligte mich an fast allen Zirkeln, hielt Vorträge über Beethoven, Puccini, Max Reger, welch letzterer mir besonders ans Herz gewachsen war, schrieb lyrische Gedichte, auch wenn ich dazu Klosettpapier verwenden mußte. Vier volle Monate hielten wir in Kreuznach unter freiem Himmel und bei magerster Kost aus. Viele von uns erkrankten, starben. Dann aber verlud man uns wieder auf Güterwagen und transportierte uns nach Sankt Avold in Frankreich, wo es zwar keine bessere Kost, wohl aber ein Dach über dem Kopf in Form kleiner Wellblechschuppen gab, die uns Schutz vor der so schlechten Witterung boten.

Unter unseren Kameraden war auch ein Holzbildhauer aus

Ellwangen im Allgäu, der schon einmal eine sehr schöne Krippe an das englische Königshaus geliefert hatte, wobei die Gesichtszüge der einzelnen Figuren jenen der englischen Königsfamilie gleichen mußten. Dieser Künstler schnitzte zum Beispiel in meiner Gegenwart mit dem Taschenmesser und einer Rasierklinge eine wunderschöne Nürnberger Madonna aus einem dünnen Konservenkistendeckel der Amerikaner heraus. Sie war etwa so groß wie eine ausgebreitete Hand. Ich wollte sie um jeden Preis haben und zwar als Talisman im Lagerleben. Nach längerem Verhandeln überließ mir sie der Künstler, und zwar um fünf Kekse, die ich mir vom Mund abgespart hatte. Sofort machte ich ihr in meiner Pappschachtel aus einem sauberen Taschentuch ein Bettchen zwischen Hemd, Rasierzeug, Unterhose und Socken.

Diese Pappschachtel diente mir jede Nacht als Kopfkissen und darum hatte ich die Madonna stets bei mir, als Schutzkönigin, von der ich erwartete, daß sie mich so bald als möglich von meinem Elend erlöse. Doch bis es soweit war, gab es noch komplizierte Fälle genug, in Hülle und Fülle. In unserem St. Avolder Lager lief zwar das Gerücht um, daß wir noch im Laufe des September entlassen würden. Und es schien wirklich so. Denn man verbrachte uns über Mainz in ein Jungwäldchen nahe Würzburg, wo jeder zum erstenmal während der gesamten Gefangenschaft einen normalen deutschen Kommißlaib bekam, dazu ein Stück Wurst und Dünnbier, von letzterem so viel einer haben wollte. Wir fühlten uns, kurz vor der Entlassung, wie im siebenten Himmel. Zwei Tage später befanden wir uns dann in einem Rauhfutterschuppen des Proviantamtes Ansbach, wo wir durch den eisernen Zaun Kontakte mit der Zivilbevölkerung aufnehmen konnten und mit allerlei schlimmen Gerüchten eingedeckt wurden. Und dann kam der große Augenblick, da uns ein amerikanischer Offizier fragte, ob wir mit Lastkraftwagen oder mit der Eisenbahn heimtransportiert zu werden wünschten. Ich wählte, um das lange Stehen auf der Plattform eines Lkw zu vermeiden, die Eisenbahn, wie vier andere Kameraden auch. Das aber hätten wir keineswegs tun sollen. Denn der Lagerleiter, ein böswilliger Oberst aus Kalifornien, der auf unsere Landsleute schlecht zu sprechen war, sagte, als wir ihm vorgeführt wurden, sofort: „Ja, wenn Sie mit der Eisenbahn fahren wollen, dann sind Sie sicher noch so gesund, daß Sie weiterhin für uns Arbeit leisten können!“ Dann deutete er auf mich und sagte: „Sie werden keineswegs entlassen, sondern nach Paris gebracht und übernehmen dort eine Wiederaufbaukompanie“. Sicherheitshalber ließ er uns noch von drei jungen amerikanischen Ärztinnen peinlich genau untersuchen, wobei wir uns pudelnackt ausziehen mußten. Und dann führte man uns fünfe wieder ins Rauhfuttermagazin hinter Schloß und Riegel, während alle anderen Kameraden lachend und voller Wiedersehensfreude mit ihrer Familie die wartenden Lastkraftwagen bestiegen.

Ich war entsetzt, hätte am liebsten Selbstmord begangen und verkroch mich so tief im herumliegenden Stroh als es ging, daß ich die Welt nicht mehr sah. Und dann fluchte ich grauenvoll wie der schlimmste Heide, betete abwechselnd wie ein asketischer Mönch, fluchte wieder. Dann öffnete ich die beiden Hühnerfleischkonserven, die ich mir vom Munde abgespart hatte, um sie bei der Heimkehr meinen zwei Kindern mitzubringen, fraß sie aber jetzt in höchstem Zorn aus und spie den Inhalt wieder, weil der Magen gar nicht mehr an solche Portionen gewöhnt war. Es war ein Wutanfall sondergleichen, der meine Gesichtszüge völlig verzerrte und mich beinahe in einen wildgewordenen Stier verwandelte.

Schließlich holte ich mein liebes Madonnenfigürchen aus der Schachtel und warf es wutentstellt in hohem Bogen an die Wand. Schließlich aber verfiel ich in einen tiefen, traumlosen Schlaf.

Aber nachts um 2 Uhr weckte mich plötzlich ein baumlanger amerikanischer Sergeant, zog mich hoch und schrie mir ins verschlafene Gesicht:

„Du entlassen!“

Gleichzeitig überreichte er mir alle notwendigen Papiere, die ich zum Schritt in die Freiheit brauchte. Später erfuhr ich, daß sowohl das Rote Kreuz als auch der amerikanische Divisionsarzt gegen die Maßnahme des Lagerleiters Protest eingelegt und ihn zur Rücknahme seines Befehls, zu unserer Freilassung gezwungen hatten.

Ich wußte nimmer, wie mir geschah. Aber plötzlich stieg mir die

Schamröte wegen meines gestrigen Verhaltens ins Gesicht, ich wagte niemand mehr anzuschauen und hatte nicht einmal den Mut zu einem kleinen Stoßgebetlein, solche Schuldgefühle hatte ich vor meinem Herrgott. Dann aber kroch ich auf allen vieren ins Stroh und suchte mein Madonnenfigürchen wieder. Und als ich es endlich in einem Winkel fand, schien es zu lächeln, weil ich in einen solch heidnischen Zorn geraten war und es weggeworfen hatte.

Die weitere Heimreise verlief ohne Schwierigkeiten. Aber als ich am Straubinger Bahnhof eintraf und, die Pappschachtel unter dem Arm, unserem Hause zustrebte, begegnete mir meine Tochter Gertrud, die gerade das Abitur hinter sich gebracht und mit dem Medizinstudium begonnen hatte. Achtlos ging sie an mir vorbei. Sie erkannte mich nicht, so sehr hatte mich der Hunger entstellt. Aber als ich mich dann umdrehte und fragte: „Gertrud, wohin gehst du? Willst du nicht mit deinem Papa nach Hause kommen, um ein Wiedersehen zu feiern?“, da fiel sie aus allen Wolken und führte mich, von ganzem Herzen frohlockend, heim zur Mama. Diese saß gerade im Garten und strickte ein paar warme Sachen für die Kinder. Und zu ihren Füßen hockte unser lieber, alter „Bibaba“, die Spielhenne, die schon so viel Eier gelegt und uns alle in ihr Vertrauen aufgenommen hatte.

Die Wende

Nach meiner Rückkehr aus der Gefangenschaft sah es im Straubinger Alltag für mich nicht sehr rosig aus. So lange die Entnazifizierung nicht abgeschlossen war, durfte ich die Schulstube nicht mehr betreten, keine einzige Stunde Unterricht erteilen. Das Arbeitsamt erklärte kurz und bündig, daß für Parteigenossen des Jahrgangs 1935 und früher als Betätigungsgebiet nur noch der Erdarbeiter, der Transportarbeiter und die Hilfeleistung bei landwirtschaftlichen Arbeiten in Frage käme, und in dieser Hinsicht müsse eben auch ich mich umstellen. Schließlich erlaubte man mir aber ausnahmsweise die Betätigung an der Buchungsabteilung im Krankenhaus der Barmherzigen Brüder in Straubing, als Hilfskraft bei der Kasse. Der Prior wollte mir einen Monatslohn von 450 Mark geben. Aber der Arbeitsamtsleiter erlaubte nur 160 Mark. Leider war mein Guthaben bei der Stadtsparkasse gesperrt, wie es die Amerikaner angeordnet hatten, sodaß von jetzt an bei uns im wahrsten Sinne des Wortes Schmalhans Küchenmeister war. Aber in dieser heiklen Situation sprang meine bessere Ehehälfte, das Reserl, helfend ein, indem sie sich als Aushilfslehrerin in Sankt Peter verpflichten ließ, wo sie schon früher einmal in ihrer Ledigenzeit Dienst leistete. Aber was sie verdiente, war auch nur ein Tropfen Wasser auf einen heißen Stein. Ganz große Sorgen bereiteten mir meine zwei Töchter Gertrud und Martha, die an der Münchner Universität Medizin bzw. Volkswirtschaft studierten. Sie wurden damals von den kleinen Portionen der Mensa nicht satt. Ich konnte ihre Bedürfnisse unmöglich finanzieren. Jede von ihnen erhielt monatlich 50 Mark, von denen sie leben mußten. Weitere 50 Mark zahlte ich für das Quartier in einem zerbombten, zu drei Vierteln zerstörten Haus am Münchner Annaplatz. Unsere Kinder konnten sich wirklich nur die auf den Lebensmittelkarten vorgesehenen Puppenportionen kaufen, keineswegs also Hamsterpreise oder Fleischspeisen einkalkulieren. Schließlich sah ich mich gezwungen, einige wertvolle Ölgemälde, ein paar Antiquitäten zu veräußern und buntbemalte Bierkrüge, wie sie die Amerikaner gern sehen.

Trotz allem, ich kam nur mit großer Mühe jeweils um den Monat herum, lebte sozusagen von der „Wand in den Mund“, wenn ich etwa an die in Öl gemalte heilige Katharina denke, vermutlich von den Brüdern Asam stammend, die mir ein Münchner Tandler für einen Schundpreis abhandelte beziehungsweise abschwätzte und die ich heute so gern wieder haben möchte. Auch von einer sehr guten Rubens-Kopie, darstellend des Malers Frau, mußte ich mich trennen.

Aber dann kam ganz plötzlich, mit meiner Entnazifizierung, die Wende, auf die ich schon so lange gewartet hatte. Angesichts der vielen, schon erwähnten Beweisstücke, nicht zuletzt des auf mich bezogenen Goebbelserlasses, wurde ich als „Nichtbetroffen“ eingestuft, brauchte auch keinerlei Buße zu zahlen und trat sofort wieder meinen Dienst an der Schule St. Jakob an. Doch, weil diese Schule fast völlig zerbombt war, mußte ich vorübergehend mit Unterrichtsräumen vorlieb nehmen, die im Ursulinenkloster lagen. Kurz darauf beförderte mich die Regierung zum Rektor. Damit war aber das Glück, dessen ich mich zusammen mit meiner Familie erfreute, noch lange nicht zu Ende. Denn nach weiteren zwei Tagen kam Oberbürgermeister Dr. Otto Höchtl in meine Wohnung, um mir das Amt eines Straubinger Stadtschulrates anzubieten. Sämtliche Fraktionen des Stadtrates hätten sich für mich ausgesprochen, sagte er, ebenso die vier Pfarrämter und auch die Regierung von Niederbayern erhöben keinen Einspruch bezüglich der mit der Beförderung verbundenen Übertragung der staatlichen Schulaufsicht. Natürlich sagte ich sofort zu, hoch erfreut über das Vertrauen, das ich genoß. Und schon kurz darauf hatte ich die Ernennungsurkunde zum Stadtschulrat und Direktor der Straubinger Berufsschulen in Händen. Stolz darauf zeigte ich sie meinem Reserl und unseren Kindern, denn jetzt hatte ich wieder eine gesicherte Existenz.

Aber die Berufung in ein solch wichtiges Amt brachte auch eine Unmenge von Arbeit mit sich. Vor allem hieß es jetzt, das Straubinger Schulwesen wieder aufzubauen, die Schäden der Bombardierungen durch den Neubau anderer Schulhäuser zu beseitigen. Denn die Kapazität des Unterrichtsbetriebes war während der Kriegsjahre auf ein Viertel seines Umfangs gesunken. Da galt es etwa 70 neue Lehrsäle zu bauen, obwohl die Stadt finanziell dazu nicht in der Lage war. In dieser Notlage sprangen mir wichtige Stadträte helfend zur Seite, beispielsweise der Bankdirektor Tremmel, Rechtsanwalt Dr. Segl, die Stadträte Stiefvater, Fischl, Scherg und so weiter. Kräftig half mir auch mein Kelheimer Landsmann und Schulkamarad Oberbürgermeister Lang von Landshut.

Auf seine Fürsprache erhielt die Stadt Straubing von der Versicherungskammer Regensburg 850.000 Mark Obligationen zu leihen und diese reichten gerade zum Wiederaufbau der Schule Sankt Jakob. Eineinviertel Million Mark Darlehen brachte ferner unser sehr tüchtiger Stadtkämmerer Eisenlöffel herbei, sodaß wir auch noch die Schule St. Josef im Süden errichten konnten und Erweiterungen in sonstigen Schulhäusern vornahmen, wobei wir so genau kalkulierten, daß jeder Lehrsaal, obwohl sehr solide hergestellt, nur auf knapp 38.000 Mark kam, während man zur gleichen Zeit in Landshut 68.000 Mark und in München gar 86.000 Mark dafür anlegen mußte. Unser Vorteil war darin begründet, daß wir sehr früh bauten, als die Löhne noch tragbar waren. Die späteren Nachbauten kamen alle auf 5 bis 6 Millionen Mark und höher, je nach der Größe des Schulgebäudes. Doch ich hatte sie nicht mehr zu verantworten. Meine Hauptarbeit aber galt dem Vollzug des staatlichen Schulaufsichtsgesetzes. Gleichzeitig hatte ich das Schulreferat zu leiten und versah außerdem das Amt eines Kulturreferenten, zu dessen Tätigkeitsbereich auch noch das Stadttheater und der Tiergarten gehörten.

Neben dieser dienstlichen Arbeit fand ich aber immer wieder Zeit, um im musikalischen Leben der Stadt maßgebend mitzureden. Ich dirigierte immer noch die großen Oratorien, wie die „Schöpfung", die „Jahreszeiten", das „Deutsche Requiem" von Brahms, schrieb verschiedene Bücher, die gut Absatz fanden und deren Zahl sich bis heute auf fünfundzwanzig erhöhte, machte weite Reisen mit dem Auto, war gerne Gast der Münchner- und Salzburger Festspiele und spielte auf der anderen Seite mit guten Freunden gern Schafkopf. Aber so viel ich rackern, organisieren und auch die Presse bedienen mußte, keine einzige Stunde reut mich, die ich dieser meiner Schaffenskraft geopfert habe, und deshalb freue ich mich doppelt über den Lohn, den ich ganz unerwartet bekam. Auf Vorschlag der Regierung von Niederbayern verlieh mir der Herr Bundespräsident das Bundesverdienstkreuz 1. Klasse. Und anläßlich meines 75. Geburtstages überreichte mir der Oberbürgermeister die Urkunde über die Ernennung zum Ehrenbürger der Stadt Straubing. Ja, ich war glücklich wie einst in meiner Kinderzeit, als ich am Michelsberg zu Kelheim die Grillen singen hörte oder auf eine Eibe kraxelte, um mich an deren roten Beeren zu laben, stolz auf meine Karriere. Mein hochbetagter Vater war selig. Ganz bis zuletzt besuchte er mit seinem schlohweißen Haar alle von mir dirigierten Liederkranzkonzerte. Nur meine liebe Mutter verspürte nichts mehr von meinem Glück. Sie schlummerte schon seit vielen Jahren auf dem Kelheimer Friedhof.

Die Visitation

Wenn der Herr Schulrat kommt, gibt es immer eine mächtige Aufregung in der Klasse, namentlich bei den Mädchen, noch mehr aber bei dem sie unterrichtenden „Fräulein Lehrerin". Das merkte ich besonders deutlich im Jahre 1950, als ich zusammen mit zwei meiner Kollegen anläßlich der 2. Lehramtsprüfung ein Urteil über die pädagogischen Fähigkeiten einer jungen, klugen, aber sehr schüchternen Dame abzugeben hatte. Kaum betrat ich das Klassenzimmer, standen alle vierzig Schülerinnen auf, riefen mir „Grüß Gott!" entgegen und nahmen stillschweigend wieder Platz, die Händchen, wie schon der Großvater, brav auf die Bank legend. Allen stand die Angst ins Gesicht geschrieben, und der Zweifel, ob die Sache nicht etwa schief gehen würde, war aus den Augen der Lehrerin zu erkennen. Um das Klima ein wenig aufzuheitern, begrüßte ich die Lehrerin mit einem herzlichen Händedruck, lobte das gute Verhalten der Schülerinnen, und einer von ihnen, der kleinen Eva, streichelte ich sogar den Scheitel, ihr gleichzeitig ein Bonbon zusteckend. Damit aber hatte ich, der Vorsitzende der Prüfungskommission, das allgemeine Vertrauen gewonnen. Um ja aber die Klassengemeinschaft nicht irgendwie abzulenken, setzten wir uns zu dritt an die Rückwand, wo uns niemand sah, und harrten der Ereignisse.

Sofort begann die erste Unterrichtsstunde, die unter dem Motto „Frühlingsboten" stand und dem Anschauungsunterricht galt. Auf die Frage der Lehrerin, welche davon den Kindern schon bekannt seien, nannten diese die Schneeglöckchen, die Krokusse, Veilchen, Leber- und Schlüsselblumen sowie den Seidelbast. Man konnte seine Freude haben, wie schön das Unterrichtsgespräch lief. Aber gerade, als es in bestem Fluß war, flog plötzlich eine Schwalbe zum Fester herein, durchquerte ein paarmal den Klassenraum und blieb dann an der Oberlichte sitzen, alles scharf beobachtend, was da unter ihr vor sich ging, als gehörte sie zur Prüfungskommission. Aber mit der Ruhe war es nun aus. Denn alle Augen richteten sich nur noch auf das Schwälbchen, das mit seiner weißen Weste alle entzückte und keine Furcht vor den

Menschen zu haben schien. Die Kinder hatten eine riesige Freude. Der Lehrerin aber stand der Angstschweiß auf der Stirn, die Störung des Unterrichts konnte schlimme Folgen für ihr Zeugnis haben.

Sie fühlte sich sehr unglücklich, weil sie die Klasse nach ihrer Meinung nicht im Griff hatte. Hilflos schaute sie zu mir herüber, der ich ja den Stab über ihr pädagogisches Unvermögen brechen würde. Aber gerade da juckte es mich, der lieben Anfängerin aus der Patsche zu helfen. Und so deutete ich lachend auf das Schwälbchen hin, nickte ermunternd mit dem Kopf und klatschte mit den Händen ein kleines Bravo, so, als sei das Tierlein eine Fügung Fortunas, ein waschechter, lebendiger Frühlingsbote, den der liebe Gott selbst geschickt habe, um ihr eine Chance zu bieten. Sofort begriff die Lehrerin den Wink, den ich ihr damit gab und gliederte dieses wie vom Himmel gefallene Anschauungsobjekt in ihren Unterricht ein, so daß wir drei Gutachter nur so staunten.

Es war eine prächtige „Lektion", wie man damals noch sagte. Die Klasse zeigte ein ganz großes Interesse an dem reizenden Gast auf der Oberlichtenkante. Und weil die Weckung des Interesses zu den Grundtugenden der Jünger Pestalozzis gehört, konnte eigentlich nichts mehr schief gehen.

Am Schluß der Visitation, nach der obligaten Besprechung, innerhalb der die zu prüfende Lehrerin ihre Methode, ihre Art des Unterrichtens zu begründen hatte, fragte ich sie so nebenbei, welche Note sie sich für ihre Leistung erwarte, und da meinte sie, die Augen niederschlagend, daß das, was sie uns zeigte, schon einen guten Dreier verdiene. Nun, sie wird sicher sehr überrascht gewesen sein, als sie dann im Zeugnis einen glatten Einser vorfand, den wir ihr rechtens zugebilligt hatten.

Der Bundespräsident in Straubing

Alte Städte mit einem interessanten historischen Hintergrund sind Anziehungspunkte für große Geister. Das bewies sich wieder einmal, als einst unser lieber Herr Bundespräsident, Papa Heuss, zur Kur im Unteren Bayerischen Wald weilte und sich vornahm, auf der Rückreise auch Straubing und namentlich das Friedhofidyll St. Peter zu besuchen, sozusagen inkognito, ganz ohne Aufsehen zu erregen, wie es seiner Bescheidenheit entsprach. Da er einen offiziellen Empfang vermeiden wollte, war es schwierig, mit ihm zusammenzutreffen. Aber weil in Aiterhofen eine Polizeikontrolle eingerichtet wurde, die seine Anreise zu melden hatte, konnte er uns nicht entrinnen. Als dann im Rathaus das Telefon klingelte, fuhren Oberbürgermeister Dr. Otto Höchtl und ich, sein Kulturreferent, sofort im Auto zum Friedhof St. Peter, wohin Heuss, wie wir vermuteten, zuerst seine Schritte lenken würde. Und siehe da, wir hatten uns nicht getäuscht. Denn da stand vor der Kapelle zu Unserer Lieben Frau, dem sogenannten alten Karner, der Herr Bundespräsident im eifrigen Gespräch mit Herrn Stadtpfarrer Schön, in dessen Betreuungsbereich St. Peter liegt. Nach einer kurzen Unterbrechung durch die offizielle Vorstellung ging das Gespräch weiter. Es handelte sich dabei um einen Herzenswunsch des Pfarrherrn, der Mittel zur Restaurierung der berühmten Basilika haben wollte und Heuss darum bat, obwohl ich ihm am Tag vorher davon abgeraten hatte, weil ich es für unpassend fand, einen solch hohen Gast mit Wünschen irgendwelcher Art zu konfrontieren. Als er mit seiner Bittrede fertig war, gab der Herr Bundespräsident, dem Herrn Stadtpfarrer jovial auf die Schulter klopfend, zur Antwort: „Ja, lieber Herr Stadtpfarrer, Sie verwalten hier wirklich ein kleines Paradies mit hochinteressanten geschichtlichen Erinnerungen. Aber leider kann ich Ihrer Bitte nicht entsprechen. Denn, wenn ich überall, wohin mich meine vielen Reisen führen, Geld zur Verfügung stellen wollte, wäre der Staatssäckel bald leer und ich ein armer Mann. Richten Sie doch ein Gesuch an das zuständige Ministerium oder gehen Sie gleich zum Wittelsbacher-Ausgleichsfond, der hat genug Geld."

Nun, das war deutlich, aber immer noch höflich begleitet von einem wohlwollenden Lächeln der Staatsspitze. Dem Herrn Stadtpfarrer Schön stand ganz deutlich die Enttäuschung ins Antlitz geschrieben. Aber was dieser brave, längst tote Oberhirte im Sinn hatte, das führte später sein Nachfolger, Stadtdekan Lintl, in vorbildlicher Art durch, ohne einen Scheck aus Bonn und so sachgerecht, daß Tausende von Gästen aus dem In- und Ausland ergriffen und dankbar sind.

Bei einer Kutschenfahrt durch die Stadt, an der auch Bürgermeister Honig beteiligt war, hatte der Herr Bundespräsident seine helle Freude am gesamten Stadtbild, den alten Patrizierhäusern mit ihren Treppengiebeln, italienischen Innenhöfen mit ihren herrlichen Kirchen und Denkmälern. Beim Abschied überreichte Oberbürgermeister Dr. Otto Höchtl dem lieben Herrn Papa Heuss drei Bücher, die ich schrieb, und zwar „Sonniges Grenzland", „Straubinger Kirchen" und die „Melodie des Jahres", die der hohe Gast dankbar annahm.

Am nächsten Tag sagte ich zu Oberbürgermeister Dr. Höchtl: „Glauben Sie wirklich im Ernst, daß Heuss auch nur einen Blick in meine Bücher werfen wird? Vermutlich landen sie alle drei auf einem Speicher."

Ein Schulterschütteln und ein bezweifelndes Lächeln waren die Antwort. Aber wir hatten uns beide doch getäuscht. Denn ein paar Jahre später, bei einer großen Buchhändlertagung in Frankfurt, als Herr Karl Pielsticker aus Straubing, der Vorsitzende der Deutschen Jungbuchhändlervereinigung, dem Herrn Bundespräsidenten in der Paulskirche vorgestellt wurde, sagte dieser: „Aus Straubing sind Sie? Dann kennen Sie vielleicht auch den dortigen Stadtschulrat?"

Und als Herr Pielsticker dieses bejahte und erklärte, daß ich zu seinem engsten Freundeskreis gehöre, fuhr Heuss fort:

„Sagen Sie ihm, daß ich all seine drei Bücher gelesen und Freude daran empfunden habe. Bringen Sie ihm mit meinen Grüßen diese Brasilzigarre mit."

Nun, ich habe mich gehütet, dieses Geschenk etwa zu rauchen. Diese stattliche Zigarre mit ihrer schönen Bauchbinde liegt noch

Der Bundespräsident Heuss in Straubing

heute, wohlverwahrt in dem netten Schatullchen, darin auch meine kleine Kreuznacher Madonna Unterschlupf gefunden hat und auf das noch meine Enkel stolz sein werden.

Ein lieber Altersgenosse

Mein Dackel

Zu den treuesten Gefährten des Menschengeschlechts gehören die krummbeinigen Mitglieder der Dackelgilde. Wir lieben sie heißen Herzens, obwohl uns der Schönheitssinn eigentlich davon abhalten müßte. Ihr Paßbild entspricht nicht den Vorschriften rassischen Denkens. Verglichen mit ihrem Stammvater, dem Wolf, oder mit einem gutgewachsenen Schäferhund sind sie geradezu unmögliche Mißgeburten einer durch die menschliche Laune verhunzten Erbfolge. Aber vielleicht haben wir sie gerade deshalb besonders ins Herz geschlossen, weil wir glauben, ein Unrecht wieder gutmachen zu müssen, wie bei den Möpsen und Pudeln auch. Schon das Gesichtchen des Dackels veranlaßt zu einer Bußstimmung. Sind es die nachtschwarzen Augen, die bald in einer engelgleichen Unschuld dreinblicken, bald wieder wie ein Satyr, der scherzen, uns necken will, nachdem er das Sofakissen zerfetzt, im Garten eine Amsel gejagt hat? Schau nur, wie schnell er unterm Bett oder dem Sofa verschwindet, wenn er etwas angefangen und kein gutes Gewissen hat! Ist es tierischer Trotz, wenn er sich sträubt, zu folgen, ist es Spitzbüberei, wenn er in einer dunklen Ecke des Ganges sein Beinchen hebt und das Wässerlein rinnen läßt, obwohl die gute Mama ihm das strengstens verboten? Auf der anderen Seite versteht er wie ein Kätzchen zu spielen, uns zu schmeicheln. Der Dackel sucht unsere Nähe, er legt sich auf den Fuß der Hausfrau, wenn sie Socken stopft, springt just auf den Schoß des Herrchens, wenn dieses die Zigarre beiseite legt, streckt zu gerne alle viere aus, wenn ihm die Sonne ein warmes Plätzchen auf den Teppich zeichnet und legt sich dann, wenn es ihm doch zu warm wird, auf den Buckel und ranzt sich mit Wollust. Begegnet ihm ein Pferd, dann bellt er es an, als wäre er ihm dreimal überlegen. Aber um das Kätzchen vom Nachbarn macht er einen weiten Bogen, seit er die Krallen zu spüren bekam, vom Löwen und Tiger im Tiergarten gar nicht zu sprechen, denen er immer sein

Hinterteil weist, weil ihn ihr Rachen schreckt. Ein ganz gewappelter Streuner und Landstreicher, schnüffelt er im Garten herum und weiß ganz genau jene Lücke im Lattenzaun, die ihm den Weg freigibt zu seiner Gefährtin im Nachbarhaus. Aber der Dackel ist auch treu bis zum Tode und würde lieber verhungern, als sich vom Grab seines Herrchens zu trennen.

Unser Dackel, der Zyro, besitzt alle diese Eigenschaften, er fehlt bei keinem meiner Spaziergänge und findet mich jedesmal, wenn ich mich hinter einem Baumstamm verstecke und ihn locke. Er kennt jeden Weg auswendig, achtet auf den Autoverkehr, als kenne er die roten Ampeln. Dabei besitzt er ein ausgesprochenes Zeitgefühl. Man ist verleitet, zu glauben, eine im Körper versteckte Uhr sage ihm, wenn es Zeit zum Mittagsschläfchen oder nachts zum Bettchengehen ist. Dann kratzt er mit beiden Pfoten an meinem Oberschenkel, bis ich ihm den Willen erfülle. Kaum fühlt er Durst, stemmen sich seine Vorderläufe gegen die Küchentür, hinter der sein Wassernäpfchen steht, und wenn er zu wählen hat zwischen einem Zuckerplätzchen und einem Frolikbrocken, trifft er seine Entscheidung schnell. Ja, der Zyro ist klug. Besäße er das Organ der Sprache, ich glaube, man könnte mit ihm über Nietzsche oder die heutige Politik sprechen.

Aber leider, mein Dackel Zyro ist, wie jeder andere auch, in der Entwicklung zu einem höheren Wesen stecken geblieben. Er hat nicht nur, wie wir auch, zwei Augen, zwei Ohren, ein Herz, eine Lunge, einen Magen, so daß man ihn, gemessen am Homo sapiens, nur als einen Torso bezeichnen kann, der zwar zu bellen, aber nicht zu sprechen vermag, weil ihm ein paar Gehirnzellen fehlen. Trotzdem verfügt er über ausgezeichnete Talente, um die wir ihn beneiden müssen. Keiner von uns besitzt ein solch ausgezeichnetes Gehör wie er, keiner verfügt über einen solch bewundernswerten Geruchssinn wie er. Er meldet Besuche schon an, ehe sie an der Haustür klingeln und verfolgt mit seiner Nase eine stundenlange Spur. Und wenn wir ihm das alles lachend anerkennen, leckt er dankbar die Hand, die ihn streichelt. Ja, der Dackel ist und bleibt ein Zeitgenosse, vom dem sich das Herz nicht mehr trennen kann.

Ich weiß es ganz genau: Mein Dackel, der Zyro, lacht über

seinen Ururgroßvater, der in sibirischen Steppen oft wochenlang hungern muß. Und deshalb pfeift er auch auf seine ganze Ahnenkette. Degeneriert, aber nicht domestiziert, spielt er lieber den Witzbold, dem alle Wünsche in Erfüllung gehen! Und deswegen ist er auch kein arglistiger Dickkopf aus dem Reich der Tiere, kein Knecht, der Arbeit wie das Pferd leisten muß, sondern eigentlich der Herr im Haus, dessen ulkige Einfälle uns stets Vergnügen bereiten.

Rückschau

Unser Leben ist kurz, auch wenn es wie bei mir über neunzig Lenze hinausgeht. Es kommt darauf an, wieviel Sonnentage es enthielt, ob uns Fortuna am Händchen führte oder ein böser Troll narrte. Ein paar trübe Tage gehören dazu. Erst der wundervolle Wechsel zwischen Gewitterwolken und dem Sonnenschein, der darauf folgt, macht uns glücklich, hebt uns über die Monotonie kleinbürgerlichen Denkens hinweg. Der alte Geheimrat Goethe hatte schon recht, wenn er seinen Schatzgräber sagen läßt: „Tages Arbeit, abends Gäste, saure Wochen, frohe Feste sei dein künftig Zauberwort."

Wenn ich zurückschaue, tauchen immer wieder drei Erinnerungen auf, für die ich dem Herrgott von Herzen danke. Deren erste ist der Himmel im Elternhaus, das Traumland einer sonnigen Jugend. Es war sozusagen der erste Akt eines Bühnenspiels, für den es kein da capo gibt. Die Krippe von Bethlehem, der Kerzenschein der Weihnachtstanne, das Zitherspiel des Vaters, der Zitronenfalter im elterlichen Blumengärtlein, die Glocken von Weltenburg, die Märchenorgel auf dem Wöhrd und so weiter. Die zweite Erinnerung betrifft all die guten Menschen, die mir während meiner Bettelstudentenzeit hilfreich beistanden und längst im Grabe ruhen. Die dritte Erinnerung aber ist die Harmonie meines Ehelebens, die herzliche Liebe, welche auch noch sieben Enkel umfaßt. Dazwischen liegen die Eindrücke, die ich von großen Bühnenwerken in München, Berlin und Paris gewann, meine Freude an der Musik und am Bücherschreiben und das, was ich in meinem eigentlichen Beruf leisten zu müssen glaubte. Und jetzt wünsche ich mir zum Schluß, daß mich der liebe Gott noch ein paar Jährchen in der alten Herzogsstadt Straubing, die mich zum Ehrenbürger erkor, leben läßt, zusammen mit meinem lieben Reserl, meinen Kindern und Enkeln, nicht zuletzt mit meinem klugen Dackel Zyro, der mein ständiger Lebens- und Wandergefährte ist.

Der Autor und seine Ehefrau

Der Andreas Dick Verlag bedankt sich
für den Kauf des Buches.
Wir werden weiterhin bemüht sein, das Andenken
Marzell Oberneders durch kommende Neuauflagen
seiner vergriffenen Werke zu bewahren.